MODERN PERS.... READER

MODERN PERSIAN
READER

BY

A. J. ARBERRY, Litt.D.

CAMBRIDGE
AT THE UNIVERSITY PRESS
1944

CAMBRIDGE
UNIVERSITY PRESS

University Printing House, Cambridge CB2 8BS, United Kingdom

Cambridge University Press is part of the University of Cambridge.

It furthers the University's mission by disseminating knowledge in the pursuit of education, learning and research at the highest international levels of excellence.

www.cambridge.org
Information on this title: www.cambridge.org/9781107492370

© Cambridge University Press 1944

First published 1944
First paperback edition 2015

A catalogue record for this publication is available from the British Library

ISBN 978-1-107-49237-0 Paperback

CONTENTS

PREFACE

This book is designed to provide the beginner in Persian with
sufficient reading matter for an intensive course to qualify him
for attacking successfully the ordinary newspaper and magazine:
it will also give him exercise in formal speechmaking and in-
formal conversation, so that with the aid of some phonetics he
will be able to understand what is said over the wireless or at
public meetings.

The lack of a suitable reading-book has hitherto been a serious
handicap for the teacher and learner alike of this language.
Modern methods of language-learning are designed to bring the
beginner into contact with correct and idiomatic speech at the
earliest possible stage of his studies; and the present volume has
been planned to fit in with this practice. With the assistance of a
primer of Persian—the grammar of the language, as distinct
from its literary form, is simple—the learner should experience
little difficulty in making his way through these selections. Notes
are provided in order to explain constructions and literary and
other references. The vocabulary will enable the reader to dis-
pense with a dictionary; though of course he will need a lexicon
in order to read other texts.

In addition to its main object of language-teaching, this volume
aims at presenting a fairly general picture of life and thought in
modern Persia. The selections have accordingly been chosen with
some care, so as to make the picture as complete and as varied
as the limited space available will permit. The Persian literary
language has passed through a significant development during
the last thirty years. Contact with European thought, and the
rise of popular journalism, have combined to affect both the
vocabulary and the style of the written idiom. This period of
evolution is by no means at an end, though by now a sufficient

degree of stabilisation has been reached to enable us to study this phenomenon with some detachment. The passages chosen represent almost exclusively what has been written during the last decade, and therefore illustrate a well-defined stage of the language.

Our picture of Persia is made up of two main elements: politics and culture. These subjects dominate the consciousness and monopolise the conversation of most educated Persians, and it is therefore clearly desirable that strangers going to the country for the first time should have an adequate grounding in both subjects. In these pages the reader will find what Persians themselves have thought and written on many themes regarded by them as of vital importance.

Politically Persia has of late, as throughout her long history, passed through phases of chronic instability and unrest. Taking foreign affairs first, the scene is dominated by an acute feeling of inequality to stand up to the rough and tumble of relations with far more powerful European states, and a sense of having been exploited by certain of those states. Xenophobia is therefore always latent, and often manifests itself, but more with bitterness than violence: for the Persians are a people moderate in action, morbid in thought. The ex-Shah as a part of his general policy of intense nationalism gave powerful encouragement to this barren emotion. The past greatness of Persia sits heavily upon the quickened national consciousness, adding further poignancy to the prevailing sense of impotence, though also acting as a spur to regeneration and resurgence. In internal politics the country appears to suffer from a dearth of trained and responsible statesmen, and those few leaders who courageously carry on the conduct of affairs bear an intolerable burden on their shoulders. Servile compliance with the will and whim of the ruler was for many years the sole path to political advancement, and under such circumstances administration and executive alike inevitably lose the initiative and resilience indispensable to good and settled government. The task of Persia's new rulers is not made any more easy by the enthusiasm with which every minor politician—

and the terms Persian and politician are almost synonymous—
welcomes the new-found liberty of speech to indulge in an orgy
of destructive criticism.

If religion may be considered a branch of culture, then in this
regard also modern Persian culture is in a state of chronic dis-
order. The former regime in emulation of Kemalist Turkey tried
to break the centuries'-old domination of the Mullahs, and to
shake off the shackles of an intense conservatism and an all-too-
ready tendency towards fatalistic resignation. The religious were
unrobed; women were unveiled; processions and pilgrimages
were discouraged; shrines were disendowed. Already contact
with western thought, and especially western materialism and
unbelief, had shaken the fabric of traditional faith: now a tyrant
jealous of his powers sought to destroy it entirely. The events of
1941 put an end for the time being to this drift away from religion,
and the pendulum has since swung in the contrary direction; but
it yet remains to be seen what the final outcome will be in this
conflict between spirit and matter.

The reader of these passages will not fail to be arrested by the
great and justifiable pride which the Persians take in their literary
and artistic heritage. In this pride they are wholly happy, for they
know that here they possess an imperishable treasure to whose
beauty and value Europe pays ample homage. At the same time
modern Persian literature and art labour under the handicap of
having inherited a vehicle perfect of its kind, but inadequate to
convey the increasingly complex burden of twentieth-century
thought. In the new tendencies now apparent in literature
European influences are powerfully at work, mainly French, but
now to an increasing extent Russian. But the task of recreating
the national literature has in reality scarcely begun. Having
regard to the age-old genius of the Persian people for clothing
subtle and beautiful thought in rich and harmonious language,
it is impossible not to speculate with eager anticipation on the
future developments of Persian literature. The next twenty years
may show the directions this renascence is to take.

VOCABULARY

[Brackets ( ) indicate (1) the imperative-root of a verb, where this is irregular, (2) the singular of a noun, where this takes an Arabic broken plural. "In comp." indicates a verbal form used as the second element in a compound word.]

water	آب
prosperity	آبادی
reservoir	آبدان
blue	آبی
fire	آتش
gun	آتشبار
fire-temple	آتشکده
flaming	آتشین
coming, future	آتیه
relics, literary works, works	آثار (اثر)
brick sculpting	آجرتراشی
last	آخر
last, final	آخرین
preacher	آخوند
manners, ritual	آداب (ادب)
Adam	آدم
man	آدمی

son of man	آدمیزاد
adorning (in comp.)	آرا
quiet, rest	آرام
peace	آرامش
calm, quietness	آرامی
army	آرتش
desire	آرزو
desirous	آرزومند
to rest	آرمیدن
elbow	آرنج
free	آزاد
freely	آزادانه
freedom	آزادی
tormenting, oppressing (in comp.)	آزار
test	آزمایش
greedy	آزمند
easy, simple	آسان
ease	آسانی

quiet, tranquillity	آسایش
sleeve	آستین
sky, heaven	آسمان
celestial	آسمانی
water-mill	آسیاب
to drink	آشامیدن
manifest	آشکار
familiar, friend	آشنا
nest	آشیان
beginning	آغاز
breast, embrace	آغوش
calamity, plague	آفت
sun	آفتاب
to create	آفریدن (آفرین)
creation	آفرینش
sir, gentleman, honorific	آقا
family, house	آل
instruments, machines	آلات (آلت)
instrument	آلت
Germany, German	آلمان
German	آلمانی
to dirty, defile	آلودن (آلا)
target	آماج
preparedness	آمادگی
prepared, available	آماده
hopes	آمال (امل)
to come	آمدن (آ)
to learn, teach	آموختن (آموز)
study, learning	آموزش
to mix	آمیختن (آمیز)
mixed with (in comp.)	آمیز
that	آن
there	آنجا
that which, whatever	آنچه
that	آنك
then	آنگه
Antwerp	آنورس
then	آنوقت
so much	آنهمه
voice, sound, song	آواز
singer	آوازه‌خوان
oh, alas	آوخ
to bring, carry	آوردن (آر)
to hang up	آویختن (آویز)
iron	آهن
song	آهنگ
interrogative particle	آیا
future	آینده
custom, rite, law	آئین
mirror	آئینه
beginning	ابتداء
calamity	ابتلاء

ever, (with neg.) never	ابداً
invention, creation	ابداع
cloud	ابر
manifesting	ابراز
importunity	ابرام
Abraham	ابراهیم
silk	ابریشم
ewer	ابریق
tools	ابزار
perpetuation	ابقاء
announcement, informing	ابلاغ
fool	ابله
sons	ابناء (ابن)
buildings	ابنیه (بناء)
verses	ابیات (بیت)
agreement, event	اتفاق
trace, consequence, relic	اثر
permission	اجازه
gathering	اجتماع
social	اجتماعی
effort, judgment	اجتهاد
operating	اجراء
parts	اجزاء (جزء)
summary	اجمال
kinds, sexes	اجناس (جنس)
fair sex, ladies	اجناس لطیفه
caution, abstention	احتراز
respect	احترام
pomp	احتشام
hoarding	احتکار
possibility	احتمال
need	احتیاج
precaution	احتیاط
feeling, perception	احساس
reckoning	احصاء
fool	احمق
states, conditions	احوال (حال)
revival	احیاء
star	اختر
invention	اختراع
brevity, succinctness	اختصار
speciality	اختصاص
mixture	اختلاط
variation, variance	اختلاف
choice, disposal	اختیار
sincerity	اخلاص
morals, character	اخلاق
moral	اخلاقی
moral values	اخلاقیّات
recently	اخیراً
performance, discharge	اداء

administration, department	اداره
culture	ادب
men of letters	ادباء (ادیب)
literary	ادبی
literature	ادبیّات
perception	ادراك
claim	ادّعاء
periods	ادوار(دور)
scholar	ادیب
passion, wish, will	ارادت، اراده
partisan	ارادتمند
four	اربعه
connection	ارتباط
committing	ارتکاب
reference	ارجاع
valuable	ارجمند
value	ارز
cheap	ارزان
bestowing	ارزانی
judas-tree	ارغوان
crimson, purple	ارغوانی
speckled	ارقم
pillars	ارکان (رکن)
present	ارمغان
spirits	ارواح (روح)

Europe	اروپا
clever, learned	اریب
from, than	از
serpent	اژد
foundation	اساس
fundamentally	اساساً
fundamental	اساسی
horse	اسب
means, causes	اسباب (سبب)
master	استاد
	استادن = ایستادن
mastery, skill	استادی
stay	استاژ
tyranny	استبداد
gold brocade	استبرق
exception	استثناء
bone	استخوان
skeleton	استخوان‌بندی
request	استدعاء
ease, rest	استراحت
recovery	استرداد
means, ability	استطاعت
qualification	استعداد
abdication	استعفاء
use	استعمال
use, profit	استفاده

independence	استقلال
succour	استمداد
transcription	استنساخ
firm	استوار
Isaac	اسحق
secrets	اسرار (سرّ)
banknote	اسکناس
Islam	اسلام
armament-making	اسلحه‌سازی
model	اسلوب
name	اسم
names	اسماء (اسم)
Ishmael	اسمعیل
prisoner	اسیر
reference	اشاره
error	اشتباه
camel	اشتر
fame	اشتهار
ardour, anxiety	اشتیاق
trees	اشجار (شجر)
persons	اشخاص (شخص)
nobles	اشراف (شریف)
poems	اشعار (شعر)
occupation	اشغال
difficulty	اشکال
things	اشیاء (شیء)
technical language	اصطلاح
original	اصل
at all	اصلاً
reform	اصلاح
original	اصلی
principles	اصول (اصل)
genuine	اصیل
addition	اضافه
additional	اضافی
confusion	اضطراب
of necessity	اضطراراً
room	اطاق
sides, parts, around	اطراف (طرف)
children	اطفال (طفل)
notice, knowledge	اطّلاع
silk	اطلس
assurance	اطمینان
showing, declaration, credit, pretence, reputation	اظهار
belief	اعتقاد
attention	اعتناء
ages	اعصار (عصر)
members	اعضاء (عضو)
greater, greatest	اعظم

descendants	اعقاب (عقب)
notification	اعلام
Majesty	اعلیحضرت
more general, alike	اعمّ
depths	اعماق (عمق)
deeds	اعمال (عمل)
nobles	اعیان (عین)
more	اغلب
strangers	اغیار (غیر)
to fall, happen, cease to have	افتادن
opening	افتتاح
pride, boasting	افتخار
individuals	افراد (فرد)
excess, exaggeration	افراط
Africa	افریقا
increasing (in comp.)	افزا ، افزون
tale, legend	افسانه
romancer	افسانه‌نویس
romantic	افسانه‌وش
scattering	افشائی
acts	افعال (فعل)
thoughts	افکار (فکر)
to throw, drop	افکندن
good fortune	اقبال
economic	اقتصادی
requirement	اقتضاء
measure, effort, advance	اقدام
confession	اقرار
equals	اقران (قرین)
less	اقلّ
clime, region	اقلیم
peoples	اقوام (قوم)
greater	اکبر
satisfaction, contentment	اکتفاء
most	اکثر
majority	اکثریّت
borders	اکناف (کنف)
now	اکنون
if	اگر
although	اگرچه
otherwise	الّا
of course	البتّه
attention	التفات
supplementary	الحاق
alif, a	الف
words	الفاظ (لفظ)
God	اللّه
inspiration	الهام
divine	الهی
Elijah	الیاس

but, now	امّا
sign	امارت
Imam	امام
Imamate	امامت
honesty	امانت
emperor	امپراتور
people, nation	امّت
proverbs	امثال (مثل)
peers, likes	امثال (مثیل)
order, affair	امر
princes	امراء (امیر)
to-day	امروز
nowadays	امروزه
America	امریکا
American	امریکائی
this year	امسال
to-night	امشب
signature	امضاء
bowels	امعاء (معاء)
possibility	امکان
smooth	املس
peoples	امم (امّت)
waves	امواج (موج)
affairs	امور (امر)
hope	امید
hopeful	امیدوار
men	انام
to heap up	انباشتن (انبار)
selection	انتخاب
interview	انترویو
ascription	انتساب
publication, circulation	انتشار
expectation, waiting	انتظار
criticism	انتقاد
critical	انتقادی
to throw, cast	انداختن (انداز)
throwing (in comp.)	انداز
amount, extent	اندازه
counsel	اندرز
little	اندك
to hoard, acquire	اندوختن (اندوز)
grief	اندوه، انده
thought	اندیشه
man	انسان
familiarity	انس
composition	انشاء
justice	انصاف
justly, indeed	انصافاً
departure	انصراف
making to speak	انطاق
detachment	انقطاع

denial	انکار
rough draft	انگاره
finger	انگشت
England, English	انگلیس
English	انگلیسی
to rouse	انگیختن (انگیز)
varieties	انواع (نوع)
he, she, it	او
latter days	اواخر (آخر)
optimist	اوپتی‌میست
alas	اوخیش
conditions	اوضاع (وضع)
times	اوقات (وقت)
first	اوّل
in the first place	اوّلاً
first	اوّلی ، اوّلین
saints	اولیاء (ولیّ)
groundless fears	اوهام (وهم)
population	اهالی (اهل)
people	اهل
importance	اهمّیّت
drinking-cup	ایاغ
days	ایّام (یوم)
necessitating	ایجاب
causing	ایجاد
epitome, brevity	ایجاز
delivery	ایراد
Iran, Persia	ایران
Iranian, Persian	ایرانی
Persianism	ایرانیت
to stand	ایستادن
station	ایستگاه
they	ایشان
fulfilment	ایفاء
would to God!	ایکاش
faith	ایمان
secure	ایمن
this	این
here	اینجا
behold, now	اینك
verandah, balcony	ایوان
Job	ایّوب

ب

by, with, at (insep. prep.)	ب
with	با
chapter, account	باب
on account of	بابت
West	باختر
to play, gamble	باختن (باز)

wind	باد
wine	باده
time, burden, fruit	بار
regard	باره
well then	باری
to rain	باریدن
subtle	باریك‌بین
again, still, back	باز
bazaar, market	بازار
inspector	بازرس
commercial	بازرگانی
playing, acting	بازی
ancient	باستان / باستانی
inward, within	باطن
garden	باغ
gardener	باغبان
remaining, rest	باقی
remaining	باقیمانده
wing	بال
up, upwards, above	بالا
finally	بالآخره
voluntarily	بالاراده
Baltic	بالتیك
naturally	بالطبع
relatively	بالنسبه
balloon	بالون
to take pride, boast	بالیدن
pillow	بالین
roof	بام
bank	بانك
it is necessary	باید
to be necessary	بایستن (بای*)
floral design	بته
child, infant	بچه
enquiry, research	بحث
luck	بخت
giving (in comp.)	بخش
to give	بخشیدن
in particular	بخصوصه
miserliness	بخل
bad, evil	بد
evil-minded	بد اندیش
unfortunately	بدبختانه
misfortune	بدبختی
irreligion	بد دینی
evil-doing	بدکاری
suspicious	بدگمان
body	بدن
bodily	بدنی
beginning	بدو

to begin with, originally	بدواً	together	برهم
wickedness	بدی	innocent	بریّ
elegant	بدیع	Britain	بریتانیا
substitute	بدیل	great	بزرگ
self-evident	بدیهی	mighty	بزرگوار
on, over, beside, memory	بر	greatness, old age	بزرگی
equal, opposite, level with	برابر	feast-making	بزم‌سازی
brother	برادر	enough, sufficient	بس
for, because of	برای	many	بسا
notable, salient	برجسته	to bind, tie, close	بستن (بند)
enjoying	برخوردار	much, many	بسیار
to come up against	برخوردن	man	بشر
some, a few	برخی	human	بشری
to raise, remove, take	برداشتن	mankind	بشریّت
to carry, bear	بردن	plate, dish	بشقاب
investigation	بررسی	then	بعد
farmer	برزگار	afterwards	بعدها
snow	برف	some	بعضی
blessings	برکات	hatred	بغض
leaf	برگ	survival, continuance	بقاء
programme	برنامه	greengrocer	بقّال
showing	بروز	bundle	بقچه
strong	برومند		
	برون = بیرون	remainder	بقیّه
lamb	بره	virgin	بکر
proof	برهان	without	بلا

calamity	بلاء
nightingale	بلبل
but, rather, on the contrary	بلکه
high, aloft	بلند
high renown	بلند آوازگی
ticket	بلیط
bomb	بمب
bombed	بمباران
bomber	بمب‌افکن
agreement	بنا
in consequence of	بنا بر
bond, fetter	بند
port	بندر
slavery	بندگی
slave, bondman, I	بنده
violet	بنفشه
storehouse	بنگاه
building	بنیان
frame	بنیه
smell, odour	بو
budget	بودجه
to be	بودن (باش)
garden	بوستان
to kiss	بوسیدن
especially	بویژه
to smell	بوییدن

by, with, better	به
value	بهاء
spring	بهار
pretext	بهانه
well-being	بهبود
better	بهتر
for, sake	بهر
happiness	بهروزی
share, advantage	بهره
enjoying	بهره‌مند
paradise	بهشت
together	بهم
without (sep. & insep. prep.)	بی
desert	بیابان
of the desert	بیابانی
exposition, explanation, announcement	بیان
fearlessness	بیباکی
verse	بیت
out of place	بیجا
helpless	بیچاره
willow	بید
waking	بیداری
flag	بیرق
out, outside	بیرون
much, more	بیش

neutral	بیطرف
neutrality	بیطرفی
shamelessness	بیعاری
foreigner	بیگانه
fear	بیم
sick	بیمار
between	بین
seeing, watchful	بینا
international	بین المللی
indigent	بینوا
vain, useless	بیهده ‏﴿ بیهوده ‏﴾

پ

foot, at the foot of	پا
kissing the foot	پابوس
reward, recompense	پاداش
king	پادشاه
piety	پارسائی
Persian	پارسی
part	پاره
watchful, guardian	پاسبان
answer	پاسخ
pure, clean	پاك
chaste	پاكدامن
fair copy	پاكنویس

purity	پاکی
	پای = پا
end	پایان
shackle	پای‌بند
enduring	پایدار
perseverance	پایداری
lasting	پاینده
base, foundation	پایه
down, lower	پائین
broadcast, distribution	پخش
father	پدر
evident, seen	پدید ‏﴿ پدیدار ‏﴾
accepting (in comp.)	پذیر
reception	پذیرائی
accept, agree	پذیرفتن (پذیر)
feather	پَر
full	پُر
disunity	پراکندگی
scattered	پراکنده
ray	پرتو
to pay, devote, set about, arrange	پرداختن (پرداز)
veil	پرده
powder	پرز
asking, searching	پرسان

worship	پرستش
worshipping (in comp.)	پرستی
to worship, adore	پرستیدن
to ask	پرسیدن
shot silk	پرند
flying, bird	پرّنده
	پرنیان = پرند
care, respect, anxiety	پروا
flight	پرواز
nourishing (in comp.)	پرور / پرورانه
All-Provider	پروردگار
nurture	پرورش
to nourish	پروریدن
programme	پروگرام
caution	پرهیز
to abstain	پرهیزیدن
to fly	پرّیدن
physician, doctor	پزشك
searching, inquiring (in comp.)	پژوه
then, therefore, after	پس
low	پست
breast, nipple	پستان
harness (?)	پستك
baseness	پستی
boy, son	پسر
pleasing, approving (in comp.)	پسند
to approve	پسندیدن
back, behind	پشت
external roof	پشتبام
supporter, buttress	پشتوان
cover, backing	پشتوانه
wool	پشم
Peter	پطر
step	پله
shelter	پناه
five	پنج
fifty	پنجاه
Thursday	پنجشنبه
fifth	پنجم
advice	پند
to think	پنداشتن (پندار)
hidden	پنهان
futile, empty	پوچ
apology	پوزش
to cover, hide	پوشیدن
money	پول
to run	پوییدن
side, beside	پهلو
broad	پهناور

expanse	پهنه
foot, trace	پی
onion	پیاز
message	پیام
prophet	پیامبر
complicated	پیچ در پیچ
to wind, twist	پیچیدن
black veil	پیچه
visible, evident	پیدا
genesis, production	پیدایش
one after another	پی‌در پی
old, elderly	پیر
decoration, trimming	پیرایش
ornamentor	پیرایشگر
bedizenment	پیرایگی
follower	پیرو
following	پیروی
tallow-burning lamp	پی سوز
pessimist	پیسی میست
before, front	پیش
brow	پیشانی
advance, influence	پیشرفت
leader	پیشوا
trade	پیشه
message	پیغام
prophet, messenger	پیغمبر
fighting	پیکار
form, body	پیکر
goblet	پیمانه
to measure, travel	پیمودن (پیما)
to be joined	پیوستن
always, connected	پیوست / پیوسته

ت

until, up to; unit	تا
glow	تاب
glowing, burning	تابان
suffering, pain	تأثّر
influence, effect	تأثیر
history, date	تأریخ
historical	تاریخی
assaulting	تاز
new	تازه
whip	تازیانه
regret	تأسّف
9 Muḥarram	تاسوعا
foundation	تأسیس
to burn, shine	تافتن (تاب)
complete	تامّ
safeguarding	تأمین

confirmation	تأييد
ruined, destroyed	تباه
exchange, change	تبديل
smile	تبسّم
note	تبصره
propaganda	تبليغ
agitation, beat	تپش
recording	تثبيت
merchants	تجار (تاجر)
trade, commerce	تجارت
transgression	تجاوز
innovation, renewal	تجديد
experience	تجربه
experiences	تجربيات
glorification	تجليل
justification	تجويز
literal	تحت اللفظى
writing, composition	تحرير
learning	تحصيل
ridicule	تحقير
inquiry, investigation, criticism	تحقيق
endurance, undertaking	تحمّل
imposition	تحميل
alteration	تحوّل
throne	تخت

ruining	تخريب
assigning	تخصيص
gradation	تدريج
recalling, notice	تذكّر
tragedy	تراژدى
song	ترانه
training, education	تربيت
order, arrangement	ترتيب
translation	ترجمه
choice	ترجيح
doubt, hesitation	ترديد
fearing (in comp.)	ترسى
to fear	ترسيدن
encouragement	ترغيب
progress, advancement	ترقّى
abandonment	تَرك
Turk	تُرك
cracked	ترك خورده
composition	تركيب
train	ترن
citron	ترنج
propagation	ترويج
consolation	تسلّى
consoling	تسليت

being a Sunnī	تسنّن
diagnosis, impersonation, analysis	تشخیص
aggravation	تشدید
honouring, visit, ceremonial	تشریف
formation	تشکیل
encouragement	تشویق
declaration of faith	تشهّد
correction, emendation	تصحیح
confirmation, assertion	تصدیق
change, modification	تصرّف
resolve	تصمیم
imagination, idea	تصوّر
approval	تصویب
guarantee, security	تضمین
affectation	تظاهر
advancement	تعالی
expression	تعبیر
wonder	تعجّب
number	تعداد
wrong, injustice	تعدّی
fanaticism	تعصّب
holiday	تعطیل
teaching	تعلیم
appointing	تعیین
change, changing	تغییر
difference	تفاوت
understanding	تفاهم
amusement	تفریح
detail	تفصیل
separation, distinction	تفکیك
rifle	تفنگ
amusement, diversion	تفنّن
transference, delegation	تفویض
request	تقاضا
priority	تقدّم
presentation	تقدیم
approximation	تقریب
almost	تقریبا
division	تقسیم
imitation	تقلید
piety	تقوی
attachment	تقیّد
hunting	تکاپو
meeting	تکافو
responsibilities	تکالیف (تکلیف)
self-perfectioning	تکامل
repetition	تکرار
respect	تکریم
to shake, flutter	تك‌زدن

task	تكليف	enjoyment	تنعّم
lump, morsel	تكّه	tight, close	تنگ
support, fulcrum	تكيه‌گاه	narrowmindedness	تنگ‌چشمى
bitter	تلخ	variety	تنوّع
telegraph, telegram	تلغراف	only, sole	تنها
	تلگراف	being alone	تنهائى
contact, touch	تماس	thou: within	تو
exhibition, show	تماشا	mutual agreement	توافق
all, whole, entire	تمام	it is possible	توان
bent	تمايل	powerful	توانا
enjoyment	تمتّع	to be able	توانستن
applause	تمجيد	rich	توانگر
civilization	تمدّن	conversion, repentance	توبه
training	تمرين	care, notice, attention	توجّه
flattery	تملّق	belief in one God	توحيد
hope	تمنّا	distribution	توزيع
person, body	تَن	expansion	توسّع
ton	تُن ، تون	recourse	توسّل
		steed	توسن
vast	تناور	explanation	توضيح
warning	تنبّه	help	توفيق
swift	تند	expectation	توقّع
quick-wittedness	تندهوشى	generating	توليد
decline	تنزّل	toman (coin)	تومان

insult	توهين
bottom	ته
charge, accusation	تهمت
bare	تهی
preparation, furnishing	تهیّه
theatre, play	تئاتر
brigade	تیپ
arrow	تیر
archery	تیراندازی
dark	تیره
sword	تیغ
blade	تیغه

ث

established, proved	ثابت
secondly	ثانیاً
firmness	ثبات
inscribed, registration	ثبت
wealth	ثروت
praise	ثناء

ج

place	جا
cup	جام
comprehensive, containing, congregational	جامع

community	جامعه
clothing	جامه
soul	جان
side, direction, party	جانب
successor	جانشین
eternal	جاودان
place, rank	جاه
ignorant	جاهل
lawful, permissible	جایز
compensation	جبران
front	جبهه
forehead	جبین
effort, earnestness	جدّ
apart	جدا
dispute	جدل
serious, earnest	جدّی
new, modern	جدید
newly formed	جدید التشکیل
boldness	جرأت
rectification	جرح وتعدیل
crime	جرم
jar, water-vessel	جره
course, conduct	جریان
register	جریده
except, save	جز

recompense	جزاء
part	جزو
search, quest	جستجو
to jump, leap	جَستن (جه)
to seek	جُستن (جو)
physical	جسمانی
joined	جفت
mating	جفتجوئی
hardihood, courage	جلادت
majesty	جلال
volume	جلد
session	جلسه
before	جلو
prevention	جلوگیری
parade, representation	جلوه
eminent, worthy	جلیل القدر
mineral	جماد
crowd, group	جماعت
beauty	جمال
assembly, plural	جمع
altogether	جمعاً
collection	جمع آوری
sentences	جمل ، جملات (جمله)
all, sum, totality	جملگی
sum, total, all	جمله

all	جمیع
movement	جنبش
to move	جنبیدن
paradise	جنّت
war	جنگ
of war	جنگی
south	جنوب
southern	جنوبی
barley	جَو
river, (in comp.) seeking	جُو
answer	جواب
packing-needle	جوالدوز
young man	جوان
youth	جوانی
jewels	جواهرات
bejewelled	جواهرنگار
chicken	جوجه
careering	جولان
essence	جوهر
seeker	جویا
seeker	جوینده
quest (in comp.)	جوئی
holy war, warlikeness	جهاد
world	جهان
respect, reason	جهت ، جهه

چ

print چاپ
jockey, rider چابک‌سوار
printed چاپی
veil, mantle چادر
cutthroat چاقوکش
chin چانه
well چاه
left چپ
to cram, squeeze in چپانیدن
why چرا
lamp, light چراغ
fat چرب
wheel چرخ
to graze چریدن
eye چشم
fountain چشمه
bells چغانه
how much چقدر
how چگونه
meadow چمن
plane-tree چنار
just as, so that چنانکه
hoop چنبر
some, several چند
for a while چندی
so many, many چندین
lute, quaver, fist چنگ
such, like this چنین
wood چوب
shepherd چوپان
since, when چون
what, for چه
both...and چه...چه
four چهار
fourteen چهارده
Wednesday چهارشنبه
fourth چهارم ، چهارمین
four-engined چهارموتوره
face چهره
forty چهل
چی = چه
victorious چیره
thing چیز
wrinkle, fold چین

ح

need حاجت
event, accident حادثه
produce, result حاصل
present, ready حاضر
preserving حافظ

telling of, indicating	حاکی
state, condition	حال
now, presently	حالاً
state	حالت
containing, including	حاوی
love	حبّ
friend	حبیب
	حتا = حتّی
certainly, of course	حتماً
even	حتّی
as far as possible	حتّی الامکان
as much as possible	حتّی المقدور
pilgrimage	حجّ
argument	حجّت
bridal chamber	حجله
bound, extent	حدّ
conjecture	حدس
boundaries, borders	حدود (حدّ)
talk	حدیث
forbidden	حرام
greed	حرص
letter, speech	حرف
to speak	حرف‌زدن
movement	حرکت
silk	حریر
feeling	حسّ
counting, reckoning	حساب
sentient	حسّاس
accordance, mode	حسب
envy, jealousy	حسد
good, beauty	حسن
jealous	حسود
padding	حشو
restriction, limit	حصر
reaching, acquisition	حصول
presence	حضور
preserving, guarding	حفظ
right, duty	حقّ
contempt	حقارت
rights	حقوق (حقّ)
truth, reality	حقیقت
really	حقیقتاً
true, real	حقیقی
tale	حکایت
arbiter	حَکَم
saws	حِکَم (حکمت)
decree, mandate, status	حُکم

philosophers	حکماء (حکیم)
wisdom, philosophy	حکمت
government	حکومت
wise, philosopher	حکیم
wise	حکیمانه
solution	حلّ
lawful	حلال
halva (sweetmeat)	حلوا
porter, drudge	حمّال
bath	حمّا
praise	حمد
burden, transport, foetus	حمل
attack, raid	حمله
praiseworthy (fem.)	حمیده
events	حوادث (حادثه)
senses	حواسّ (حاسّه)
notes	حواشی (حاشیه)
needs	حوائج (حاجت)
houris	حور (حوراء)
patience	حوصله
life	حیات
regards	حیث
wonder, distraction	حیرت
sphere, region	حیّز
misappropriation	حیف‌ومیل
animals	حیوانات (حیوان)

خ

mosaic, inlay	خاتمکاری
conclusion	خاتمه
thorn	خار
hard, flinty	خارا
outside, abroad, foreign	خارج
musical tune	خارکن
to rise	خاستن (خیز)
personal, special	خاصّ
mind	خاطر
fixed in mind	خاطرنشان
earth, soil	خاك
earthwork	خاکریز
humble, worthless	خاکسار
earthy	خاکی
mole	خال
pure	خالص
Creator	خالق
empty, free	خالی
extinguished	خاموش
silence	خاموشی

house, dynasty	خاندان
family, household	خانواده
house, home	خانه
East	خاور
treacherous	خائن
licentiousness	خبث
news, information	خبر
informed	خبردار
God	خدا
God, Lord	خداوند
service	خدمت
servant	خدمتگزار
donkey, ass	خر
ruined, destroyed	خراب
ruined	خرابه
mind	خرد
wise	خردمند
wisdom	خردمندی
criticism	خرده
dervish robe	خرقه
dates	خرما
harvest	خرمن
roaring	خروشان
to buy	خریدن
autumn, turning yellow	خزان
treasury	خزانه

autumn-poem	خزانیّه
treasure	خزینه
straw, weed	خس
weariness	خستگی
musical tune	خسروان
dry, evaporated	خشك
peculiarities	خصایص (خاصّیّه)
characteristics	خصایل (خصلت)
quality, character	خصلت
enemy	خصم
particular	خصوص
line, down	خطّ
error	خطا
speech, address	خطاب
speech	خطابه
mistake-making	خطاکاری
railways	خطوط آهن
manuscript	خطّی
important	خطیر
to sleep	خفتن (خواب)
opposition, misdeed	خلاف
interval, middle	خلال
creatures, people	خلایق (خلیقه)
caliphs	خلفاء (خلیفه)

creation, product	خَلق
disposition, habit	خُلق
creation	خلقت
quiet, deserted, privacy	خلوت
caliph	خليفه
vat, barrel	خم
fifth of income tax	خمس
to bow	خميدن
moat, ditch	خندق
laugh	خنده
ridiculous	خندهآور
blessed, fortunate	خنك
character	خو
sleep	خواب
to dream	خوابديدن
to sleep	خوابيدن
despised, contemptible	خوار
food-supplies	خواربار
misery	خوارى
to want, request, will	خواستن (خواه)
experts, nobles	خواصّ (خاصّ)
reciting (in comp.)	خوان
to recite, read, call	خواندن
reading (in comp.)	خوانى
partisan, desiring (in comp.)	خواه

sister	خواهر
well-wishing (in comp.)	خواهى
good, handsome	خوب
fair	خوبان
ease, beauty	خوبى
self	خود
abstention	خوددارى
exhibitionism	خودنمائى
one's own	خودى
food, victuals	خوراك
to eat, drink, strike, clash	خوردن
little, bit	خورده
pleasant, agreeable	خوش
smile	خوشروئى
enjoyment	خوشگذارى
agreeable	خوشگوار
pleased	خوشنود
ease	خوشى
fear	خوف
blood	خون
self	خويش / خويشتن
thought	خيال
imaginary	خيالى
good, charity	خير
obstinate	خيرهسر

obstinacy	خیره‌سری
horsemen	خیل
very	خیلی

د

within	داخل
internal	داخلی
cry, justice	داد
justice	دادگستری
to give	دادن (ده)
possessing (in comp.)	دار
possessing	دارا
finance, wealth	دارائی
tale	داستان
to have	داشتن (دار)
brand	داغ
snare	دام
skirt, lap	دامان، دامن
knowing	دانا
to know	دانستن (دان)
knowledge	دانش
student	دانشجو
wise, learned	دانشمند
learned man	دانشی
Daniel	دانیال
David	داود

circumference, scope	دایره
constant	دائم
constantly	دائماً
nurse	دایه
clerk	دبیر
encounter	دچار
daughter, girl	دختر
in; door; topic	در
long	دراز
to take out	در آوردن
percipient	درّاك
knowledge	درایت
gate, door	درب
court	دربار
degree, step, rank	درجه
tree	درخت
glittering	درخشان
request	درخواست
pain, disease	درد
painful	دردناك
right, correct, perfect	درست
whereas	در صورتیکه
grasp	درك
cure, remedy	درمان
delay	درنگ

harvest	درو
lie	دروغ
within, inside	درون
dervishhood	درویشی
confused, in pieces	درهم
sea	دریا
receiving	دریافت
naval	دریائی
to rend	دریدن
thief	دزد
to steal	دزدیدن
fortress	دژ
despondent	دژم
hand	دست
	دستان = داستان
rapine	دستبرد
grasp, reach	دسترس
engine, apparatus, office, court	دستگاه
prisoner	دستگیر
towel, rubbing	دستمال
rule	دستور
group	دسته
foe	دشمن
hostility	دشمنی
difficult	دشوار
prayer, invocation	دعاء
missionaries	دعاة (داعی)
invitation, call	دعوت
impostor, fraud	دغل
drum	دف
ledgers	دفاتر (دفتر)
ledger	دفتر
putting off	دفع
time	دفعه
fine points	دقایق (دقیقه)
care	دقّت
fine, scrupulous	دقیق
exactly	دقیقاً
shop	دکان
	دگر = دیگر
different	دگرگون
heart, mind	دل
	دلار = دولار
sweetheart	دلبر
darling	دلبند
welcome, agreeable	دلپذیر
delightful	دلچسب
desire, wish	دلخواه
delight, joy, consolation	دلخوشی
charm	دلربائی

despondency	دلسردی
content, happy	دلشاد
courage	دلیری
proof, sign	دلیل
breath, point, tip	دم
brain	دماغ
tail	دمب
to speak	دم زدن
democracy	دموکراسی
tail, behind	دنب
back, rear	دنبال
tail	دنباله
mean, ignoble	دنی
this world	دنیا
worldly, universal	دنیائی
two	دو
remedy, cure	دواء
twelve	دوازده
twelfth	دوازدهم
volunteer	دواطلب
continuance	دوام
again	دوباره
two-ton	دوتونی
to fasten	دوختن (دوز)
around	دَور
far	دُور
period, age	دوره
hell	دوزخ
dear, friend, (in comp.) loving	دوست
friend, lover	دوستدار
to love	دوستداشتن
love	دوستی
douche, shower-bath; last night	دوش
Monday	دوشنبه
girl	دوشیزه
states	دول (دولت)
dollar	دولار
state, government	دولت
low, mean	دون
to run	دویدن
ten	ده
skill, ingenuity	دهاء
mouth	دهان
world	دهر
materialist	دهری
amazement	دهشت
kettle-drum	دهل
tenth	دهم
mouth	دهن
regions	دیار (دار)

sight, face — دیدار
to see — دیدن (بین)
eye — دیده
late, long — دیر
yesterday — دیروز
of old — دیرینه
cooking-pot — دیزی
last night — دیشب
pot — دیگ
other, anymore — دیگر
religion — دین
wall — دیوار
court; collection of poems — دیوان

ذ

mention — ذکر
humiliation — ذلّت
taste — ذوق
aesthetics — ذوقیات
mind — ذهن
animate — ذیروح
tail, end, following — ذیل

ر

regarding, referring — راجع
ease, rest — راحت
radio, wireless — رادیو
secret — راز
right, true — راست
truly — راستی
content — راضی
meadow — راغ
thigh — ران
to drive, utter, mention — راندن
road — راه
railway — راه آهن
guidance — راهنمائی
traveller — راهی
opinion, vote, judgment — رأی
quatrain — رباعی
to seize, take — ربودن (ربا)
men — رجال (رجل)
compassion — رحم
mercy — رحمت
face — رخ
baggage — رخت
bright — رخشنده
vine — رز
battle — رزم
letter, essay — رساله
to bring, reach — رسانیدن
treatises — رسائل (رساله)

to grow	رستن (روی)
official	رسمی
infamous, disgraced	رسوا
stability, fixation	رسوخ
investigation, attention	رسیدگی
to arrive, reach	رسیدن
thread, series	رشته
jealousy, envy	رشك
acquiescence	رضا
Riẓwān (Paradise)	رضوان
peasants	رعایا (رعیّه)
observance, respect	رعایت
desire, will	رغبت
despite	رغم
welfare, prosperity	رفاه
conduct	رفتار
to go	رفتن (رو)
gradually	رفته رفته
removal, satisfaction	رفع
loftiness	رفعت
rivalry	رقابت
to dance	رقصیدن
number, brand	رقم
tender	رقیق
rak'at (unit of prayer)	رکعت
pillar, element	رکن
stooping, genuflexion	رکوع
thin	رکیك
steady, firm	رکین
mystery, code, wink	رمز
Ramaẓān (month)	رمضان
pain, trouble	رنج
to cause to suffer	رنجانیدن
hardship	رنجوری
dissolute	رند
colour	رنگ
blending, colouring	رنگ آمیزی
colour-schemer	رنگ‌ریز
face	رو
permissible, right	روا
currency	رواج
flowing; spirit	روان
tale, recitation	روایت
fox	روباه
spirit, soul	روح
spiritual	روحانی
river	رود
intestine	روده
day	روز
daytime, daily	روزانه
age	روزگار

window, casement	روزنه
fasting	روزه
Russia, Russians	روس
manner, method, rule	روش
bright, burning, enlightened	روشن
brightness	روشنائی
oil, butter	روغن
novel	رومان
lustre	رونق
face, aspect, hypocrisy; on, upon, for	روی
on the average, as a whole	رویهمرفته
	ره = راه
hypocrisy	ریاء
presidency	ریاست
discipline	ریاضت
mathematical	ریاضی
rial (coin)	ریال
to pour, scatter, cast, fall	ریختن (ریز)
falling down	ریزش
elaboration	ریزهکاری
beard, whisker	ریش
roots, stump	ریشه
sand, (coll.) money	ریگ
heads, main points	رئوس (رأس)

	ز
bearing (in comp.)	زا
to give birth	زادن
child, offspring	زاده
sad, humble	زار
ascetic	زاهد
Zeppelin	زپلین
labour	زحمت
to hit, strike, throw	زدن (زن)
gold	زر
hideous	زشت
ugliness, unpleasantness	زشتی
poor-tax	زکوة
tress, lock	زلف
rein, bridle	زمام
control	زمامداری
time	زمان
in point of time	زماناً
emerald	زمرّدین
company	زمره
murmur, crooning	زمزه
earth	زمین
groundwork, basis	زمینه
land	زمینی

woman, wife	زن
prison	زندان
life	زندگانی
living	زندگی
living, alive	زنده
bell, tocsin	زنگ
beware	زنهار
corners	زوايا (زاويه)
superfluities	زوايد (زايده)
quick, early	زود
strength, force	زور
strong, athletic	زور آزمای
asceticism, devotion	زهد
much, many	زياد
visit	زيارت
loss	زيان
beautiful	زيبا
beauty	زيبائی
under, below	زير
because	زيرا
submarine	زيردريائی
cleverness, shrewdness	زيركی
whispered	زير لبكی
to live	زيستن (زی)
	زينهار = زنهار

س

former	سابق
formerly	سابقاً
courtyard, royal title	ساحت
shore	ساحل
to make	ساختن (ساز)
building	ساختمان
Saiyids	سادات (سيّد)
simplicity	سادگی
simple	ساده
flowing	ساری
music; preparation	ساز
hour	ساعت
endeavouring	ساعی
year, age	سال
aged	سالخورد
sound, healthy	سالم
years	ساليان
furniture, riches	سامان
manner	سان
other	ساير
shadow	سايه
reason, cause	سبب
verdure	سبزه
method, system	سبك

unencumbered, carefree	سبکبار
to travel, entrust	سپردن (سپار)
then, afterwards	سپس
sky	سپهر
white	سپید
star	ستاره
tyranny, injustice	ستم
wronged, unhappy	ستمدیده
to praise	ستودن (ستا)
quarrel, hostility	ستیز
prostration	سجده
rhymed prose	سجع
prostrating	سجود
dawn, morn	سحر
generosity	سخاوت
severe	سخت
severity	سختی
word	سخن
generous	سخی
head, top, tip	سر
altogether	سراسر
clue, trail	سراغ
	سرافرازی = سرفرازی
preeminent	سرآمد
inn; (in comp.) singer	سرای
secret thoughts	سرائر (سریره)
reciting, singing (in comp.)	سرائی
brigadier-general	سرتیپ
source, spring	سرچشمه
red	سرخ
redness	سرخی
cold, discouraged	سرد
portal, façade	سردر
territory	سرزمین
full	سرشار
nature, mould	سرشت
swiftness	سرعت
proudly, honourably	سرفرازانه
honour, exaltation	سرفرازی
bewildered	سرگردان
to begin	سر کردن
capital, stock, source	سرمایه
drunk	سرمست
destroyed, overthrown	سرنگون
cypress, cedar	سرو
song	سرود
to sing	سرودن (سرای)
quarrelling	سر و صدا
weak	سست
slackness	سستی
level, surface	سطح
lines	سطور (سطر)

happiness	سعادت
expanse, amplitude	سعت
effort, endeavour	سعی
earthen	سفالی
to bore, speak eloquently	سفتن
table	سفره
low	سفلی
ambassador	سفیر
unsoundness	سقم
falling	سقوط
residence	سکونت
coin, stamp, impression	سکّه
dog	سگ
rulers	سلاطین (سلطان)
greeting	سلام
safety	سلامت
rulership	سلطنت
royal	سلطنتی
taste	سلیقه
sound	سلیم
side	سمت
jasmine	سمن
having a scented breast	سمن بر
to weigh, consider	سنجیدن
silk, brocade	سندس
stone, rock	سنگ
sculpture	سنگتراشی
heavy, serious	سنگین
years	سنوات (سنه)
direction, side	سو
evil, bad	سوء
records	سوابق (سابقه)
riding	سوار
question	سؤال
to burn	سوختن (سوز)
profit	سود
gainful, useful	سودمند
chapter of Qur'ān	سوره
needle	سوزن
lily	سوسن
order	سوق
oath	سوگند
third	سوّم
three	سه
easy	سهل
part, portion	سهم
thirty	سی
politics	سیاست
political	سیاسی
flowing	سیال
black	سیاه

evil fortune	سیاه روزگاری
blackness	سیاهی
course, path	سیر
character	سیرت
practice	سیره
three hundred	سیصد
flood, torrent	سیل
slap	سیلی
wire; silver	سیم
quicksilver	سیماب
cinematograph	سیماتوگراف
breast	سینه

ش

horn; branch	شاخ
thicket	شاخسار
happy	شاد
success	شادکامی
happy	شادمان
joy, jollity	شادمانی
happiness, rejoicing	شادی
poet	شاعر
poetical	شاعرانه
poetical, being a poet	شاعری
salutary	شافی
foundation	شالوده
night	شام
lofty	شامخ
eventide, nightfall	شامگاه
including, embracing	شامل
shoulder	شانه
shah, king	شاه
kingly	شاهانه
loyalty	شاهپرستی
witness, example	شاهد
masterpiece	شاهکار
Shāh-nāmeh	شاهنامه
emperor	شاهنشاه
considerable	شایان
it may be	شاید
worthiness	شایستگی
night	شب
youth	شباب
twenty-four hours	شبانروز
night-time	شبانه
dormitory, prayer-closet	شبستان
dew	شبنم
doubt	شبهه
hurrying	شتابان
to hasten	شتافتن (شتاب)
camel	شتر
courage	شجاعت

person, self	شخص
personally	شخصاً
personal	شخصی
hardships	شداید (شدّت)
to become	شدن (شو)
strong, violent	شدید
drink	شراب
honour	شرافت
honourable	شرافتمندانه
conditions	شرایط (شریطه)
account, description	شرح
religious laws and ceremonies	شرعیّات
east	شرق
company	شرکت
shame	شرم
conditions	شروط (شرط)
commencement	شروع
noble	شریف
to wash, expunge	شستن (شو)
six	شش
sixth	ششم
sixty	شصت
branches	شعب (شعبه)
branch	شعبه
poetry	شعر

poets	شعراء (شاعر)
poetical	شعری
alternative	شقّ
wretched, naughty	شقی
doubt	شكّ
game	شکار
fighter	شکاری
defeat	شکست
to break	شکستن (شکن)
splendour	شکوه
complaint	شکْوَه
patience	شکیب
great	شگرف
to bloom	شگفتن
you	شما
number, count	شمار
number	شماره
north	شمال
north-eastern	شمال‌شرقی
north-western	شمالغربی
northerly	شمالی
to reckon	شمردن (شمار)
sword	شمشیر
swimming	شنا
to know, recognize	شناختن (شناس)

knowing, acknowledging, expert (in comp.)	شناس
knowledge (in comp.)	شناسی
swimming	شناور
fenugreek	شنبليد
jocose	شنگ
to hear, listen	شنیدن (شنو)
gay	شوخ
emotion, excitement	شور
thrilling	شورانگیز
representative	شورای
Soviet	شوروی
might	شوکت
	شه = شاه
nobility	شهامت
city	شهر
fame	شهرت
province	شهرستان
town-dweller	شهرنشین
celebrated	شهره
famous	شهیر
Seth	شیث
shaikh, religious man	شیخ
frenzied	شیدا
lion; milk	شیر
suckling	شیرده
sweet	شیرین
glass	شیشه
Shī'ah (religious sect)	شیعه
affairs	شئون (شأن)
manner, style	شیوه

ص

soap	صابون
owner, master	صاحب
issuing	صادر
true, genuine	صادق
clear, limpid	صاف
Saleh	صالح
morning, dawn	صبح
morning	صبحانه
of morning	صبحگی
patience	صبر
speech	صحبت
correctness, soundness	صحّت
desert	صحرائی
courtyard	صحن
sound, true	صحیح
hundred	صد
echo, voice, sound	صدا
plan	صدد

upper part, head, beginning صدر
truthfulness صدق
blow, injury صدمه
turning away, spending صرف
clear صریح
clearly صریحاً
hard صعب
rank, array صفّ
purity صفاء
attributes صفات (صفت)
page صفحه
play صفّه بازی
prizes صلات (صله)
prayers صلوات (صلوة)
arts; rhetorical figures صنایع (صنعت)
craft, art صنعت
craftsman صنعتگار
manufacturing صنعتی
creation صنیع
face, form, minutes صورت
Ṣūfī, mystic صوفی

ض

guarantee ضامن
seizure, grasp ضبط
anti-aircraft ضدّ هوائی
harm, loss, damage ضرر
necessity ضرورت
necessary ضروری
weak ضعیف
compass, interim ضمن
meanwhile ضمناً
mind ضمیر

ط

obedience طاعت
arch طاق
false arch طاقنما
student طالب
peacock طاوس
sect طایفه
nature; print طبع
conformity طبق
class طبقه
drum طبل
doctor طبیب
nature طبیعت
natural طبیعی
joy, pleasure طرب
plan; rejection طرح

bind, form	طرز
side, part, aspect	طرف
way, road	طریق
method	طریقه
basin	طشت
food	طعمه
child	طفل
gold, bullion	طلا
golden	طلائی
seeking (in comp.)	طلب
to seek	طلبیدن
rising, appearance	طلوع
coquettish	طنّاز
manner, way	طور
flood, deluge, tempest	طوفان
length, prolongation	طول
purity	طهارت
in the course of	طیّ
travelling the earth	طیّ الارض
good	طیّب
dervish hood	طیلسان

ظ

unjust	ظالم
manifest, outward	ظاهر
obviously, outwardly	ظاهراً
beauty, elegance, charm	ظرافت
compass, container	ظرف
fine	ظریف
elegance	ظریف‌کاری
injustice	ظلم
noon	ظهر
appearing	ظهور

ع

helpless	عاجز
custom	عادت
just	عادل
usual	عادی
knowing	عارف
bare	عاری
lover	عاشق
amorous	عاشقانه
feeling	عاطفه
end, finally	عاقبت
world	عالَم
scientist	عالِم
world-seizing	عالمگیر
high	عالی

high-ranking عالیمقام
commons, people, masses عامّه
illiterate, unlettered عامّی
revenues عایدات (عاید)
cloak عباء
acts of worship عبادات (عبادت)
expression, phrase عبارت
other words عبارة اخری
warning, amazement عبرت
reproof عتاب
briefly عجالتاً
wonder عجب
weakness, impotence عجز
Persia, Persians عجم
justice, equity عدالت
hostility عداوت
justice عدل
non-existence, non عدم
number عدّه
Arab عرب
Arabic عربی
high heaven عرش
area عرصه
presentation, viewing, notice, submission, course عرض
mourning عزاء

power عزّت
retirement عزلت
intention عزم
great, respected عزیز
honey عسل
night, evening عشاء
lovers عشاق (عاشق)
pleasure, feasting عشرت
love, passion عشق
love-play عشق بازی
stick, staff عصا
afternoon; age عصر
afternoon عصرانه
chastity, purity عصمت
gift, giving عطاء
druggist عطّار
sympathy, inclination عطف
greatness عظمت
great عظیم
chastity عفّت
beliefs عقاید (عقیده)
heel, back, rear عقب
intellect, mind عقل
belief عقیده
opposite, photograph عکس

interested علاقه‌مند
sign علامت
addition علاوه
causes, reasons علل (علّت)
science علم
scientists علماء (عالم)
scientific علمی
high علوی
highest heavens علّیین
building عمارت
agents عمّال (عامل)
turban عمامه
main عمده
life, lifetime عمر
Aaron عمران
act, work عمل
practical عملی
public, general عموم
in general عموماً
elements عناصر (عنصر)
care, providence عنایت
element عنصر
shortly عنقریب
heading, title عنوان
worlds عوالم (عالم)
commons عوامّ (عامّه)
age, time; compact عهد
undertaking, charge عهده
responsible عهده‌دار
fault, vice عیب
festival عید
Jesus عیسی
life, merry-making عیش
essence, midst, very عین
exactly عیناً

غ

pillaging غارت
predatory غارتگر
heedless غافل
superfluous, most غالب
for the most part غالباً
unseen غایب
limit, extreme غایت
dust غبار
emulation غبطه
food غذاء
gramophone غرامافون
west غرب
purpose غرض

drowning	غرق
stranger, strange	غریب
raiding	غزا
lyric	غزل
lyrical	غزل‌سرا
lyrics	غزلیّات
raid, religious foray	غزو
raids, expeditions	غزوات (عزوه)
extorted, taken by force	غصبی
grief, sorrow	غصّه
heedlessness	غفلت
thickness, roughness	غلاظت
mistake	غلط
unbored	غلطان
pages, slaves	غلمان (غلام)
tale-bearer	غمّاز
sympathetic	غمخوار
sorrowful	غمناك
wealth	غناء
spoils	غنائم (غنیمت)
bud	غنچه
spoil, plunder	غنیمت
deliberation	غور
sour grapes	غوره
to plunge	غوطه خوردن
uproar	غوغا
frog	غوك
soothsayer	غیبگو
not	غیر
zeal, emulation	غیرت
zealous	غیورانه

ف

ringdove	فاخته
Persian	فارسی
Persian-speaking	فارسی‌زبان
interval	فاصله
subject	فاعل
losing	فاقد
	فتادن = افتادن
conquest, capture	فتح
temptation, lure	فتنه
manliness, generosity	فتوّت
conquest	فتوح
dawn	فجر
obscenity, swearing	فحش
boast, pride	فخر
sacrifice	فداء
self-sacrifice	فداکاری
devotee	فدائی
breadth	فراخنا

over, above, top; phrase	فراز
freedom, leisure	فراغت
forgetting, forgotten	فراموش
France	فرانسه
abundant, numerous	فراوان
together, collected	فراهم
utility	فرجام
useful	فرجامی
individual	فرد
to-morrow	فردا
individually	فرداً
individual (adj.)	فردی
wise, learned	فرزانه
child	فرزند
to send	فرستادن
pavement, carpet	فرش
angel	فرشته
opportunity	فرصت
Pharaoh	فرعون
difference	فرق
order, authorisation	فرما
order, authority	فرمان
to order, say	فرمودن (فرما)
Europe	فرنگستان
European	فرنگی
to sell	فروختن (فروش)
down	فرود
sale, (in comp.) selling	فروش
branches	فروع (فرع)
light, brightness	فروغ
negligence, omission	فروگذار
education	فرهنگ
grandeur	فرّهی
shout, cry	فریاد
prey	فریسه
to lure, bewitch	فریفتن (فریب)
pressure	فشار
to squeeze	فشردن (فشار)
eloquence	فصاحت
plain	فضاء
favour, bounty, virtue	فضل
men of taste, learned	فضلاء (فاضل)
virtue, excellence	فضیلت
breaking fast	فطر
activity	فعّالیّت
verb	فعل
at present, actually	فعلاً
present	فعلی
lamentation	فغان
poor, needy	فقراء (فقیر)
point	فقره

only, merely	فقط
poor	فقیر
lawyer	فقیه
thought, idea	فکر
meditation	فکرت
intellectual	فکری
thinker, thoughtful	فکور
calamity	فلاکت
so-and-so	فلان
philosophy	فلسفه
philosophical	فلسفی
sky, fortune	فلك
calamity-stricken	فلك‌زده
art, science	فنّ
arts, sciences	فنون (فنّ)
immediately	فوراً
formalities	فورمالیته
above	فوق
above-mentioned	فوق الذکر
extraordinary	فوق العاده
understanding	فهم
to understand	فهمیدن
in reality, in fact	فی‌الواقع
philosopher	فیلسوف

ق

frame	قاب
capable, liable, worthy	قابل
able, almighty	قادر
Qur'ān-reciter	قاری
judge, Cadi	قاضی
highwayman	قاطع طریق
rhyme	قافیه
cake, mould	قالب
stature	قامت
satisfying, content	قانع
law	قانون
legal	قانونی
saying	قائل
obscenities	قبایح (قبیحه)
tribes	قبایل (قبیله)
in advance	قبلاً
qiblah, orientation	قبله
undertaking	قبول
sort	قبیل
killing	قتل
stature	قد
quantity, worth	قدْر
amount	قَدَر
power, omnipotence	قدرت

foot	قدم
antiquity	قدمت
ancient	قدیم ، قدیمی
readers, reciters	قرّاء (قارئ)
readings	قراءات (قراءه)
stability, arrangement, rule, stillness, position	قرار
Qur'ān	قرآن
reading, recitation	قرائت
nearness	قرب
disc	قرص
century	قرن
near	قریب
genius, character	قریحه
Quraish (Arab tribe)	قریش
coupled with	قرین
oath	قَسْم
part, portion	قِسم
division, part	قسمت
beautiful	قشنگ
resolve, purpose	قصد
palace	قصر
ode	قصیده
cases, matters	قضایا (قضیّه)
judgment	قضاوت
judicial	قضائی
case, matter	قضیّه
train	قطار
settlement	قطع
categorical, determined	قطعی
thick	قطور
towel	قطیفه
heart	قلب
fort, citadel	قلعه
pen	قلم
bombastic	قلنبه
hearts	قلوب (قلب)
little	قلیل
powers	قوا (قوّه)
caravans	قوافل (قافله)
rhymes	قوافی (قافیه)
laws	قوانین (قانون)
food	قوت
saying, words	قول
people	قوم
power	قوّه
strong	قوی
coffee-house, café	قهوه‌خانه
resurrection	قیامت
restriction	قید
value, price	قیمت

ك

palace کاخ
work, job, task, affair کار
factory کارخانه
knife کارد
expert کارشناس
functionary کارکن
workman کارگر
employee کارمند
decrease کاست
to diminish کاستن (کاه)
cup کاسه
to sow کاشتن (کار)
tiled کاشی
tilework کاشیکاری
paper کاغذ
unbeliever کافر
all کافه
enough, adequate کافی
goods کالا
desire کام
complete, perfect کامل
completely کاملاً
carriage, car, bus کامیون
canal کانال
investigation کاوش
to dig کاویدن
to diminish کاهیدن
roast meat کباب
pride کبر
dove کبوتر
great کبیر
book کتاب
writing کتابت
library کتابخانه
books کتب (کتاب)
shoulder-blade کتف
dirt کثافت
adundance کثرت
many, much کثیر
crooked کج
where کجا
who, which کدام
deaf کر
Creator کردگار
to make, do کردن (کن)
generosity, kindness کرم
noble کریم
to shrink کز کردن
anyone, someone کس
sloth کسالت

earning, trade, profession	کسب
deficit	کسری
to draw, attract	کشاندن
agriculturalist	کشاورز
agriculture	کشاورزی
sown field	کشت
to kill	کشتن
ship	کشتی
captain	کشتیبان
country	کشور
civil, civilian	کشوری
to draw, pull	کشیدن
Ka'ba (Mecca sanctuary)	کعبه
palm	کف
infidels	کفّار (کافر)
unbelief	کفر
skimmer	کفگیر
speech	کلام
words	کلمات (کلمه)
clod	کلوخ
top, summit	کلّه
total, general	کلّی
collected works	کلّیات
altogether	کلّیةً
little, few	کم
quantitatively	کمّاً
more or less	کمابیش
perfection	کمال
help	کمك
quantity	کمّیت
commission	کمیسیون
digging (in comp.)	کن
bank, aside	کنار
edge, side, withdrawal	کناره
resignation	کناره‌گیری
pet name	کنایه
corner	کنج
to dig	کندن
now	کنون
to pound, strike	کوبیدن
small	کوچك
street	کوچه
child	کودك
childhood	کودکی
blind	کور
pot, pitcher	کوزه
potter	کوزه‌گر
labour	کوشش
to work, toil	کوشیدن

bottom, root	کونه
mountain	کوه
mountainous country	کوهسار
street	کوی
who, which; than	که
	کهسار = کوهسار
old	کهن ، کهنه
when	کی
	کی = که
purse, bag	کیسه
qualitatively	کیفاً
punishment	کیفر
condition, quality, circumstances	کیفیّت
kilogramme	کیلوگرم
anger, hatred, spite	کین، کینه

گ

cow, ox, cattle	گاو
time, place	گاه
from time to time	گاهگاه، گاهگاه
cradle	گاهواره
sometimes	گاهی
moulding	گچ بری
beggar	گدا
beggary	گدائی
passing, performing (in comp.)	گذار
to pass (act.)	گذاردن
to perform	گذاشتن (گذار)
to spend, cause to pass	گذراندن
thoroughfare	گذرگاه
to pass	گذشتن (گذر)
past, besides	گذشته
dear, precious	گرامی
heavy	گران
cat	گربه
though	گرچه
round, circumference; dust	گَرد
hero	گُرد
to turn, change	گردانیدن
turning	گردش
neck	گردن
to become, turn	گردیدن
hungry, greedy	گرسنه
to take, seize	گرفتن (گیر)
wolf	گرگ
hot	گرم
gramme	گرم ، گرام
bathhouse	گرمابه
crowd, gang	گروه
to adhere	گرویدن

گریستن	to weep
گریه	lamentation
گزارش	report
گزافه	exaggeration
گزیدن (گزین)	to choose
گستردن	to spread
گستری	spreading (in comp.)
گشودن (گشا)	to open
گشایش	relief
گفتار	speech
گفتن (گو)	to speak
گل	rose, flower
گلاب	rose-water
گلابدان	rose-water flagon
گلبن	rose-bush
گلدسته	minaret
گلزار	rose-garden
گلستان	rose-garden
گلشن	rose-garden
گلو	throat
گله‌مند	complaining
گم	lost
گمان	thought
گمان‌مند	thinking
گمراهی	error
گناه	crime, fault
گنبد	dome
گنج	treasure
گنجاندن	to include
گنجشك	sparrow
گنجیدن	to be contained
گندم	wheat
گو	ball
گوا ، گواه	witness
گوسفند	sheep
گوش	ear
گوشزد	heard, reported
گوشه	corner
گوشه‌گیری	retirement
گوشه‌نشین	retiring
گوناگون	various
گونه	kind, sort
گوهر	essence, origin
گه = گاه	
گیاه	grass
گیتی	world
گیر	taking, capturing (in comp.)
گیسو	tress

ل

I don't care	لا ابالی
at least	لا اقلّ
inevitably	لا بدّ
next, succeeding	لاحق
necessary	لازم
requisite	لازمه
tulip	لاله
vaunting, boasting	لام
bill	لایحه
suitable, worthy	لایق
lip	لب
apparel	لباس
smile	لبخند
ivy	لبلاب
milk	لبن
stubborn	لجوج
viewpoints	لحاظ (لحظه)
quilt	لحاف
moment	لحظه
melody	لحن
therefore	لذا
pleasure	لذّت
to make to tremble	لرزانیدن
to tremble	لرزیدن
necessity	لزوم
tongue	لسان
army	لشکر
commander	لشکرکش
expedition	لشکرکشی
military, soldier	لشکری
	لشگر = لشکر
refinement, charm	لطافت
charms, subtleties	لطایف (لطیفه)
gentleness, kindness	لطف
blow, buffet	لطمه
nice, choice	لطیف
plaything	لعبت
word	لغت
to slide	لغزیدن
word	لفظ
verbal	لفظی
presence	لقاء
name, title	لقب
mouthful, piece	لقمه
but	لکن
bills	لوایح (لایحه)
board, surface	لوح
Lot	لوط
pipe, jet	لوله
accent	لهجه

suitability	لیاقت
viciousness	لئامت
pound	لیره
but, however	لیکن

م

we	ما
between	ما بین
mother	مادر
paragraph	مادّه
material	مادّی
material things	مادّیات
snake	مار
curds	ماست
wealth	مال
proprietor	مالك
financial	مالی
to rub, brush	مالیدن
servant, officer	مأمور
commission, authority	مأموریّت
to remain	ماندن
preventative	مانع
resembling	مانند
familiar, familiarized	مأنوس
moon	ماه
moonlight	ماهتاب
expert	ماهر
matter, substance, capital	مایه
blessed, fortunate	مبارك
built, constructed	مبتنی
sum, amount	مبلغ
based	مبنی
following	متابعت
late	متأخّر
sorry	متأسّف
researcher	متتبّع
puzzled	متحیّر
combatant	متخاصم
specialist	متخصّص
in common use	متداول
gradually	متدرّجاً
recalling	متذکّر
translator	مترجم
joined	متّصل
conceived, imagined	متصوّر
including	متضمّن
all-highest	متعال
fanatic	متعصّب

belonging	متعلّق
intentionally	متعمّداً
thinker	متفكّر
ally	متّفق
predecessor, earlier	متقدّم
exact	متّقن
civilized	متمدّن
supplement	متمّم
text	متن
averse, hating	متنفّر
continuous	متوالی
attentive, proposed, facing	متوجّه
expectant	متوقّع
born	متولّد
texts	متون (متن)
accused	متّهم
strong	متین
like	مثل
for example	مثلاً
masnavī (poem)	مثنوی
lawful; contingent; metaphor	مجاز
punishment	مجازات

scope, chance	مجال
parties	مجالس (مجلس)
meetings	مجامع (مجمع)
gratis	مجاناً
warrior	مجاهد
effort	مجاهده
compelled	مجبور
experienced	مجرّب
separated	مجزّا
embodied	مجسّم
curly	مجعّد
assembly	مجلس
total	مجموع
authority	مجوّز
unknown	مجهول
glorious	مجید
examination	محاسبه
charms, beard and moustache	محاسن (محسن)
trial	محاکمه
conversation	محاوره
lover	محبّ
beloved	محبوب
popularity	محبوبیّت
respected, sacred	محترم

contents	محتویّات	various	مختلف
bounded	محدود	master	مخدوم
motive	محرّك	special	مخصوص
guarded	محروس	especially	مخصوصاً
merits	محسّنات	disturbing	مخلّ
considered	محسوب	mixture	مخلوط
resurrection	محشر	created, creature	مخلوق
produce	محصول	velvet	مخمل
preserved	محفوظ	imagination	مخیله
humble	محقّر	schools	مدارس (مدرسه)
researcher, critic	محقّق	defender	مدافع
firm	محکم	panegyrics	مدایح (مدیحه)
place; credit	محلّ	Ctesiphon	مداین
quarter	محلّه	period	مدّت
local	محلّی	praise	مدح
obliteration	محو	implication	مدخلیّت
axis, tenor	محور	opponent	مدّعی
revivifying	محیّ	critic	مدقّق
environment	محیط	Mediterranean	مدیترانه
different	مخالف	due	مدیون
at liberty	مختار	talk, negotiation	مذاکره
summary	مختصر	sects	مذاهب (مذهب)
impaired	مختلّ	mentioned	مذکور
		abasement	مذلّت

blame	مذمّت
faith, creed	مذهب
ranks	مراتب (مرتبه)
return	مراجعت
reference	مراجعه
desire	مراد
observance	مراعات
watchful, guarding	مراقب
observation	مراقبت
centres, stations	مراکز (مرَکز)
concerned, connected	مربوط
connected	مرتبط
time, rank	مرتبه
removed	مرتفع
committing	مرتکب
preferred	مرجّح
preference	مرجّحی
stage	مرحله
man	مرد
mankind, man	مردم
to die, go out	مردن (میر)
recorded	مرسوم
observed	مرعی
bird	مرغ
lawn	مرغزار
little bird	مرغک
desired, attractive	مرغوب
composed	مرکّب
central office	مرکز
death	مرگ
marble	مرمر
pearl	مروارید
magnanimity	مروّت
passage	مرور
temperament	مزاج
troublesome	مزاحم
merits	مزایا (مزیّه)
aforementioned	مزبور
wage, reward	مزد
adorned	مزیّن
good news	مژدگانی
competition	مسابقه
helping	مساعد
help	مساعدت
efforts	مساعی (مسعاة)
traveller	مسافر
journey	مسافرت
carelessness, negligence	مسامحه
equality	مساوات
equal	مساوی

problems	مسائل (مسئله)
drunk	مست
renter	مستأجر
answered	مستجاب
deserving, rightful	مستحقّ
employed	مستخدم
excellent	مستطاب
independent	مستقلّ
correct	مستقيم
requiring	مستلزم
obscene	مستهجن
drunkenness	مستى
mosque	مسجد
rhymed	مسجّع
wiping, rubbing	مسح
coined, coin	مسكوك
acknowledged	مسلّم
Muslim	مسلمان
predicate	مسند
subject	مسند اليه
question, matter	مسئله
responsibility	مسئوليّت
observation	مشاهده
famous men	مشاهير (مشهور)

desirous	مشتاق
common	مشترك
embracing	مشتمل
east	مشرق
conditioned	مشروط
constitution	مشروطيّت
legitimate	مشروع
occupied	مشغول
kind, sympathetic	مشفق
musk	مشك
difficult	مشكل
doubtful	مشكوك
shuddering	مشمئزّ
consultation	مشورت
observed	مشهود
famous	مشهور
interests	مصالح (مصلحت)
misfortunes	مصائب (مصيبت)
corrected	مصحّح
Egypt	مصر
half-verse, line	مصراع
use, consumption	مصرف
expended	مصروف
reformer	مصلح
interest, benefit	مصلحت

passed	مصوّب
preserved	مصون
misfortune	مصیبت
contents	مضامین (مضمون)
compact, certain	مضبوط
annihilated	مضمحلّ
content	مضمون
corresponding to	مطابق
correspondence, agreement	مطابقت
questions, subjects, matters	مطالب (مطلب)
reading, study	مطالعه
agreeable	مطبوع
papers	مطبوعات
expounded, proposed	مطرح
subject	مطلب
sought after	مطلوب
sure	مطمئنّ
dark	مظلم
temples	معابد (معبد)
future life	معاد
equivalent	معادل
contemporary	معاصر
treatment, bargain	معامله
meanings, ideas	معانی (معنی)
assistant	معاون

assistance	معاونت
faults, vices	معایب (معاب)
esteemed	معتبر
believing	معتقد
numbered, limited	معدود
pronounced	معرب
place of exposure	معرض
knowledge	معرفت
introduction	معرّفی
good, lawful, famous	معروف
inclined	معطوف
honoured, great	معظّم
known	معلوم
architecture	معماری
spiritual	معنوی
spiritual values	معنویّات
meaning, point	معنی
designated, appointed	معیّن
sunset, west	مغرب
glories	مفاخر (مفخرت)
gratis	مفت
charmed	مفتون
honoured	مفتَخَر
proud	مفتخِر

singular	مفرد
excessive	مفرط
detailed	مفصّل
lost	مفقود
unfortunate	مفلوك
understood	مفهوم
useful	مفید
opposite, confronting, against, return	مقابل
corresponding	مقارن
article	مقاله
station, position	مقام
resistance	مقاومت
comparison	مقایسه
requirements	مقتضیات
quantity	مقدار
established, rule	مقرّر
vaulting	مقرنس‌کاری
goal	مقصد
purpose	مقصود
measure	مقیاس
fettered, restricted	مقیّد
conversation	مکالمه
place	مکان
office, school	مکتب
generosity, nobility	مکرمت
responsible, adult	مکلّف
complete	مکمّل
except	مگر
grace	ملاحت
observation	ملاحظه
interview	ملاقات
nation	ملّت
nicknamed	ملقّب
habit	ملکه
nations	ملل (ملت)
kings	ملوک (ملک)
national	ملّی
nationality	ملّیّت
prolonged	ممتدّ
prevented	ممتنع
praised	ممدوح
possible	ممکن
realm	مملکت
preservation of the realm	مملکت‌داری
I; maund (weight)	من
minaret	مناره
suitable	مناسب
right occasion	مناسبت
zones	مناطق (منطقه)

interests	منافع (منفعت)
inlaid work, embossing	منبت‌کاری
fountain	منبع
blessing, favour	منّت
selected	منتخب
circulated, published	منتشر
expectant	منتظر
extremity	منتها
leading	منجرّ
astronomer	منجّم
askew	منحرف
confined	منحصر
exclusively	منحصراً
house	منزل
lodging	منزلت
rank	منزله
pure, free	منزّه
attributed	منسوب
abolished	منسوخ
place of exhibition	منصّه
zone, region	منطقه
appearance	منظره
object, considered	منظور
poem	منظومه
arranged, convened	منعقد
benefit, profit	منفعت
disapproved, unlawful	منکَر
denier	منکِر
illumined	منوّر
illumining	منیر
places, passages	مواضع (موضع)
attentive	مواظب
according	موافق
agreement	موافقت
places, times	مواقع (موقع)
familiarity	مؤانست
cause, reason	موجب
wave	موج
hirer, proprietor	مؤجر
to billow	موج زدن
existing, being	موجود
ant	مور
object, instance	مورد
metrical	موزون
founder	مؤسّس
establishment	مؤسّسه
author	مؤلّف
Moses	موسی
mouse	موش

subject, matter	موضوع
position, moment	موقع
stopped; piously endowed	موقوف
confirmed, strict	مؤکّد
currants, raisins	مویز
	مه = ماه
halter, bridle	مهار
skill	مهارت
important affairs	مهامّ (مهمّه)
	مهتاب = ماهتاب
trainer, educator	مهذب
love	مِهر
seal	مُهر
dear, loving	مهربان
autumn	مهرگان
important	مهم
guest	مهمان
moon-faced	مهوش
wine	می
between, among	میان
midst	میانه
field	میدان
balance, criterion	میزان
feasible, procurable	میسّر
inclination	مَیْل
rod	مِیل
million	میلیون
enamelling	میناکاری
fruit	میوه
	میهمان = مهمان
country	میهن
patriot	میهن‌پرست
patriotism	میهن‌پرستی

ن

negative prefix	نا
Napoleon	ناپلیون
unable	ناتوان
inevitably	ناچار
direction, region	ناحیه
captain	ناخدا
ignorant	نادان
pomegranate	نار
fondling	ناز
tender	نازك
people	ناس
copyist	ناسخ
beholding, witness	ناظر
deficient	ناقص
unfortunate	ناکام
suddenly	ناگاه

helpless, needy	ناگزیر
	ناگهان = ناگاه
lament	ناله
name, fame, glory	نام
letter	نامچه
betrothed	نامزد
famous	نامور
letter	نامه
famous	نامی
bread	نان
bakery	نانوائی
dinner, lunch	ناهار
flute	نای
plant	نبات
battle	نبرد
	نبشتن = نوشتن
prophethood	نبوّت
consequences	نتایج (نتیجه)
result	نتیجه
prose	نثر
prose compositions	نثریّات
escape	نجات
noble, gentle	نجیب
grammatical	نحوی
thread, cotton	نخ

first	نخست
boon-companion	ندیم
ladder	نردبان
soft, smooth	نرم
gentleness	نرمی
thin	نزار
with	نزد
near	نزدیك
death-throes	نزع
stock	نژاد
copyists	نساخ (ناسخ)
reference, with regard	نسبت
relatively	نسبةً
eglantine	نسترن
copies	نسخ (نسخه)
copy	نسخه
breeze, breath	نسیم
sign, mark	نشان
to set, place	نشاندن
token	نشانه
propagation	نشر
to sit	نشستن (نشین)
estate, number	نصاب
set before the eyes	نصاب العین
advice	نصیحت

speech	نطق
control	نظارت
cleaning	نظافت
order	نظام
military	نظامی
view, sight	نظر
ogler	نظرباز
theoretical	نظری
viewpoint	نظریّت
verse, order, composing	نظم
equal, rival, like	نظیر
slippers, clogs	نعلین
blessing, fortune, comfort	نعمت
excellent, delicate	نغز
song, melody	نغمه
discord	نفاق
oil	نفت
person	نفر
benefit	نفع
influence, effect	نفوذ
precious	نفیس
veil	نقاب
painter	نقّاش
painting	نقّاشی
points, regions	نقاط (نقطه)
silver	نقره
picture	نقش
plan	نقشه
shortcoming	نقص
point	نقطه
telling, conveying, transport	نقل
beak	نك
adversity	نکبت
point	نکته
	نکو = نیکو
adornment	نگار
look	نگاه
to look after, keep	نگاهداشتن
looking	نگران
to look	نگریستن
observing	نگهبان
showing (in comp.)	نما
prayer	نماز
actor, showman	نمایشگر
representative	نماینده
salt	نمك
salt-cellar	نمكدان
grateful	نمكشناس
to show	نمودن (نما)
example	نمونه

infamy, shame	ننگ
new, fresh	نو
melody	نوا
dish, food	نواله
turn	نوبت
early spring	نوبهار
Noah	نوح
wailing	نوحه
light	نور
luminous	نورانی
agreeable, sweet, (in comp.) quaffing	نوش
to write	نوشتن (نویس)
to drink	نوشیدن
species	نوع
philanthropy	نوع دوستی
	نوچه = ناچه
writer (in comp.)	نویس
writer	نویسنده
no, not; nine	نه
nature, heart	نهاد
to place	نهادن (نه)
secret, hidden	نهان
extremity	نهایت
final	نهائی
nine hundred	نهصد

hidden	نهفت
ninth	نهم
forbidding, prohibition	نهی
flute	نی
endeavours	نیّات (نیّت)
was unable	نیارست
need	نیاز
flautist	نی زن
ancestors	نیاگان (نیا)
resolve, intention	نیّت
strength, force	نیرو
also, too	نیز
nothing, not-being	نیست
not to be	نیستن
good, well	نیك ، نیكو
attainment	نیْل
indigo	نِیل
half (adj.)	نیم
half (n.)	نیمه

و

and	و
related, connected	وابسته
obligatory, incumbent	واجب
one, unit	واحد

one (fem.)	واحده	whirlpool	ورطه
to set, persuade	واداشتن	paper	ورقه
arriving, getting in	وارد	coming, arrival	ورود
upside down	واژگون	ministry	وزارت
clear, obvious	واضح	ministers	وزراء (وزیر)
sufficient, faithful	وافی	measure	وزن
happening, lying, reality	واقع	to blow	وزیدن
event	واقعه	minister	وزیر
informed	واقف	mediation	وساطت
transferred	واگذار	means	وسائل (وسیله)
wagon, carriage	واگن	middle	وسط
exalted	والا	means	وسیلت، وسیله
Highness	والاحضرت	union, enjoyment	وصال
loan	وام	description	وصف
to delay, hesitate	واماندن	union	وصل
displayed	وانمود	counsel	وصیّت
feeling, joy, ecstasy	وجد	placing, depositing, condition	وضع
conscience, consciousness	وجدان		
conscientious	وجدانی	situation	وضعیّت
being, existence, body	وجود	ablution	وضوء
manner	وجه	lowly, humble	وضیع
unity	وحدت	country	وطن
measure, inspection	ورانداز	patriotism	وطن پرستی
exercise, culture	ورزش	patriotism	وطن خواهی
practising (in comp.)	ورزی	offices	وظایف (وظیفه)
to cultivate, exercise	ورزیدن	duty	وظیفه

promise وعد
promise وعده
counsel, sermon وعظ
threat وعید
fidelity وفاء
accord وفق
abundance وفور
dignity وقار
events وقایع (وقیعه)
time وقت
occurrence, actuality وقوع
birth ولادت
heir-apparency ولایتعهد
vagrant ولگرد
but ولی
heir-apparent ولیعهد
nevertheless ولیکن
he, she, it وی
or ویا
ruin ویرانی
especially ویژه

ه

beware, behold هان
exile هجران
guidance هدایت
waste هدر
target, goal هدف
present هدیّه
this year هذه السنه
each, every هر
afraid هراسان
everyone هرکس
never (with neg.) هرگز
thousand; nightingale هزار
nightingale هزار دستان
plinth هزاره
joking هزل
low jests هزلیّات
being هست، هستی
to be هستن
eight هشت
eight hundred هشتصد
eighth هشتم
seven هفت
seventy هفتاد
seventh هفتم، هفتمین
week هفته
destruction, ruin هلاك
even, also; (in comp.) same هم
endeavour همّ

same	همان
selfsame	همانا
royal	همایون
highmindedness	همّت
equal, rival	همتا
in this way	همچنان
likewise	همچنین
just as	همچون
aid	همراهی
colleague	همکار
co-operation	همکاری
fellow-countryman	هم‌میهن
smooth, level	هموار
always	همواره
every, all	همه
always, ever	همیشه
same, this much	همین
manner	هنجار
India	هند
water-melon	هندوانه
Hindustan, India	هندوستان
art, profession, knowledge	هنر
artist, learned	هنرمند
learning	هنرمندی
time	هنگام
now, still, yet	هنوز
air	هوا
aircraft	هواپیما
aerial	هوائی
passion, caprice	هوس
indulgence	هوسرانی
mind, intellect	هوش
wisdom	هوشمندی
vigilant, intelligent	هوشیار
awe, dignity	هیبت
any; none, no (with neg.)	هیچ
nobody (with neg.)	هیچکس
nowhere (with neg.)	هیچگاه
firewood	هیزم
beware	هین
council, committee	هیئت

ی

finder	یابنده
mention, memory	یاد
mentioning	یادآور
note, memorandum	یادداشت
souvenir, monument	یادگار
friend	یار
eleventh	یازدهم
despair	یأس

found	یافت
to find	یافتن (یاب)
ruby	یاقوتی
help, companion	یاور
John	یحیی
Joshua	یشوع
Jacob	یعقوب
that is, i.e.	یعنی
certain	یقین
certainly	یقیناً
one, a	یك
once	یکبار
together	یکباره
oneness, uniqueness	یکتائی
pure	یکدست
one another	یکدیگر
steed	یکران
first	یکمین
consistent	یکنواخت
single, only	یکه
one	یکی
unity, singleness	یگانگی
one, single	یگانه
hero	یل
sea	یمّ
Joseph	یوسف
Jonah	یونس
Jew	یهودی

NOTES

p. 1 (9). طیلسان is the scarf or hood, خرقه the patchwork gown worn by many orders of dervishes: the latter garment is bestowed on the مرید (pupil) by his پیر (instructor) during the ceremony of initiation, cf. al-Hujwīrī, *Kashfu'l-maḥjūb* (tr. R. A. Nicholson), p. 45 *sqq*.

p. 2 (20). D. C. Phillott, *Persian Saws and Proverbs*, no. 261, compares 'Great barkers are nae biters'.

(24). i.e. the greater the man, the heavier his responsibilities.

(26). This hemistich is quoted from the opening passage of Firdausī's great epic, the *Shāh-nāmeh* ('Book of Kings'). The whole line (or, as we should regard it, couplet) is:

توانا بود هر که دانا بود   بدانش دل پیر برنا بود

(27). Or, in its simpler form, بالای سیاهی رنگی نیست, i.e. 'black will take no other hue'. Cf. Niẕāmī:

هفت رنگ است زیر هفت اورنگ   نیست بالاتر از سیاهی رنگ

(38). So Phillott, *op. cit.* no. 258, translating 'Stop the source of the spring with a bodkin', and comparing 'A stitch in time saves nine'. This seems however to be a misquotation of Sa'dī:

سر چشمه شاید گرفتن به بیل   چو پر شد نشاید گذشتن به پیل

which makes the same point.

(39). i.e. before engaging on a great enterprise, make all necessary preparations: 'the well is to conceal the minaret when stolen' (Phillott, *op. cit.* no. 90).

(44). So Phillott, *op. cit.* no. 183, translating قدّ as 'the height of a man's stature'. The more correct version appears to be: آب که از سر گذشت چه یک گز چه صد گز، چه یک نی چه صد نی

p. 3 (55). آن کس=آنکس

(64). آن که=آنکه

(66). که از=کز

p. 4 (74). i.e. 'Cast out first the beam out of thine own eye' (Luke vi. 42).

(79). آن وقت=آنوقت

(81). Lailā and Majnūn are the heroine and hero of a celebrated romance of the Arabian desert, taken as the subject for epic poems by a number of Persian poets.

p. 5, l. 1. شرعیّات are the prescriptions of the شریعه, the religious law of Islam.

l. 3. Islam is divided by two great sectarian systems, the Sunna and the Shī'a: Persia follows the Shī'a as its national religion. For a brief account of the history of these sects and their various branches and schisms, see D. S. Margoliouth, *Mohammedanism*, pp. 154–192.

l. 9. بر هم خوردن 'to collide, clash together', i.e. 'break to pieces'.

l. 16. صلّی الله علیه وآله: an Arabic formula commonly used after the mention of the name of Muḥammad, meaning 'may God bless him and his family'.

l. 21. Persia follows the 'Twelver' as opposed to the 'Sevener' branch of the Shī'a: for these two movements and their respective doctrines and histories, see E. G. Browne, *Literary History of Persia*, I, pp. 391–415, IV, pp. 353–404.

l. 23. عليه السلام: an Arabic formula, meaning 'upon him be peace'. The 'Twelver' branch (called in Arabic اثناعشريّه) is briefly described, with a short bibliography, in the *Encyclopaedia of Islam*, II, pp. 563–564. For an authoritative account of the 'Twelver' doctrines, by an early Shī'a theologian, see A. A. A. Fyzee, *A Shi'ite Creed* (Bombay, 1942).

p. 6, l. 5. صاحب الزمان: the Arabic title (lit. 'the lord of the time') for the Hidden Imam, believed by the Shī'a to have mysteriously disappeared and to be living in concealment until the end of time, when he is to manifest himself as the Mahdī (promised Messiah) and usher in an era of peace and justice. For a brief account of the doctrine of the Mahdī, and the differences between the Sunnī and Shī'a beliefs on this head, see D. B. Macdonald in *Encycl. of Islam*, III, pp. 111–115.

l. 7. آن است که=آنستکه

l. 23. بلا فاصله 'immediately'.

p. 7, l. 2. چهار رکعتی 'consisting of four rik'as'.

l. 3. به این طریق=بدینطریق

قبله: the direction facing the Kaaba at Mecca.

l. 4. الله اکبر: an Arabic formula, meaning 'God is greater'. سورهٔ الحمد is the first Sūra of the Qur'ān. سورهٔ هو الله is Sūra CXII.

l. 5. سبحان الله: an Arabic formula, meaning 'the Glory of Allah', or 'Glory be to God'.

l. 10. ربّنا آتنا فی الدنیا حسنة وفی الآخرة حسنة: an Arabic prayer, meaning 'O our Lord, bring us in this world a blessing and in the other world a blessing', see Qur'ān, II, 197.

l. 12. تشهّد: the Arabic formula for the profession of faith means, 'I attest that there is no god but Allah, Who has no partner; and I attest that Muḥammad is His servant and Messenger. O God, bless Muḥammad and the family of Muḥammad'.

l. 15. The Arabic formula means 'Glory be to God, and Praise belongs to God, and there is no god but God, and God is greater'.

l. 19. سلام: the Arabic formula means 'Peace be upon you, and the mercy of God, and His blessings'.

p. 8, l. 7. پنج يك 'one fifth'. بدستوريكه=بدستورى كه

l. 8. امام is the leader of the divine service in the mosque (in Persian پيشنماز). سادات (sing. سيّد) are the descendants of Muḥammad.

l. 14. عيد فطر is the first day of Shauwāl, the festival marking the end of the fast of Ramaẓān.

l. 15. من تبريز: the 'maund of Tebriz', roughly equivalent to 6⅝ lbs.: so called in contradistinction to من شاه, the 'Shah's maund', twice the weight of the former. For Persian weights and measures, see L. P. Elwell-Sutton, *Colloquial Persian*, p. 67.

p. 9, l. 2. The quotation from Ḥāfiẕ is from no. 242 in Mīrzā Muḥammad-i Qazvīnī and Dr Qāsim Ghanī's edition of the *Dīvān-i Ḥāfiẕ*, p. 163.

l. 7. گوش بزنگ 'vigilant, on the alert', lit. 'ear on the bell'.

p. 10, l. 1. For the legends of the miraculous happenings said to have accompanied the birth of Muḥammad, see S. Ockley, *History of the Saracens* (5th ed. 1848), pp. 6–7.

l. 10. قريش: a noble tribe of Arabia, its chief at Muḥammad's nativity being the prophet's grandfather 'Abdu'l-Muṭṭalib, according to Muslim tradition.

p. 11, l. 6. Anūshīrwān 'the Just' reigned A.D. 531–578: for his history and the legend here recorded see E. G. Browne, *Lit. Hist. of Persia*, I, pp. 166–181.

l. 8. یثرب : the old name for Medina.

l. 22. از سر گرفتن 'to repeat'.

l. 25. چه بسا 'how many!'

p. 13, l. 2. سه شنبه=۳ شنبه 'Tuesday'. For the modern Persian calendar, see E. P. Elwell-Sutton, *op. cit.* pp. 64–65.

l. 16. Note the 'royal' plurals.

p. 14, l. 1. بحمد الله 'praise be to God', lit. 'with the praise of God' (Arabic).

l. 24. هرچه زودتر 'as quickly as possible'.

p. 15, l. 2. صحیح است i.e. 'hear, hear'.

l. 6. بسمه تعالی : an Arabic formula, meaning 'In His Name, Exalted is He'. کلام الله 'the Speech of God' (Arabic), i.e. the Qur'ān.

l. 10. مذهب جعفری اثنی عشری i.e. Shī'ite Islam, as established by Ja'far aṣ-Ṣādiq, sixth of the twelve Imams (d. 148/765).

l. 11. عز شأنه : an Arabic formula, meaning 'Glorious is His dignity'.

p. 16, l. 19. در این صورت=درینصورت

l. 23. پخش صدا i.e. 'broadcasting'.

p. 20, l. 7. بسر بردن 'to live'.

p. 21, l. 12. صد در صد 'a hundred per cent'.

p. 22, l. 24. For the modern currency of Persia, see E. P. Elwell-Sutton, *op. cit.* pp. 67–68.

l. 25. شصت در صد '60%'.

p. 23, l. 10. عبارتست از 'consists of'.

p. 24, l. 22. عنقريب=عن قريب 'shortly' (Arabic).

p. 25, l. 22. 'Scarcely has a carriage come in from the track when it is attached to a train.'

p. 26, l. 6. حیف و میل 'embezzled, misappropriated', lit. 'regret and longing'.

l. 7. دنبال . . . قطع نشد i.e. 'the matter has not been settled'.

p. 27, l. 10. ۳۲۱ is short for ۱۳۲۱, a common abbreviation.

l. 13. هذه السنه 'this year' (Arabic).

p. 30, l. 6. چهار موتوره 'four-engined'.

l. 25. واقعشده=واقع شده

p. 31, l. 1. In this article one of the greatest scholars of modern Persia, and one of her most prominent statesmen—Muḥammad 'Alī Khān Furūghī was Prime Minister at the time of the accession of Muḥammad Riẓā Shāh Pahlavī—analyses the basis of Firdausī's reputation as the great national poet of Persia. Firdausī of Tus (c. 320/932–411/1020) was the author of the *Shāh-nāmeh* ('Book of Kings'), an immense epic of some 60,000 verses: his millenary was celebrated with great pomp in Persia in 1935. Also ascribed to him as a product of his old age is the romantic epic *Yūsuf u Zalīkhā*. See E. G. Browne, *Lit. Hist. of Persia*, II, pp. 129–147.

l. 16. Maulānā Jalālu'd-Dīn-i Rūmī (1207–1273) wrote the *Masnavī-i ma'navī*, a vast mystical poem, commonly called 'the Qur'ān in the Persian language': he also composed a *dīvān* (collection of mystical lyrics) which he signed by the *takhalluṣ* (pen-name) Shams-i Tabrīz, in honour of his spiritual preceptor Shamsu'd-Dīn-i Tabrīzī. See Browne, *L.H.P.* II, pp. 519–525.

Shaikh Sa'dī of Shiraz (c. 1184–1291) is best known for his *Gulistān* (an ethical miscellany in prose and verse) and *Būstān* (a similar work in verse only); but he also composed a large quantity of formal odes (*qaṣā'id*), lyrics (*ghazalīyāt*) and other varieties of verse. See Browne, *L.H.P.* II, pp. 525–539.

Khwājah Ḥāfiẓ of Shiraz (c. 1320–1391) was the greatest lyrical poet of Persia. See Browne, *L.H.P.* III, pp. 271–319.

p. 33, l. 11. سجع: elegant prose in Persian is liberally rhymed: for an excellent English imitation of this feature, see the Exordium to E. G. Browne, *A Year Among the Persians*.

l. 16. صنايع 'literary artifices' are extremely numerous in Persian prose and especially so in Persian poetry: for a detailed account, see Browne, *L.H.P.* II, pp. 46–84.

p. 34, l. 6. A reminiscence of Ḥāfiẓ' famous line

بآب و رنگ و خال و خط چه حاجت روی زیبا را .

p. 36, l. 1. This article gives a modern Persian estimate of the poetry of 'Umar Khaiyām, better esteemed by his countrymen as a great mathematician and astronomer than as a poet. The author, Mujtabā Mīnuvī, besides being one of the best scholars of his generation, has attained celebrity as a broadcaster from London.

l. 5. نيافته‌اند after هيچ يك: note the plural, where the English construction would require a singular verb.

p. 39, l. 1. The author of this article, Mīrzā Muḥammad-i Qazvīnī, by common consent the greatest scholar produced by modern Persia, here lays down principles for editing the Persian poets, and especially Ḥāfiẓ, from the existing manuscripts.

l. 12. بعبارة اخری 'in other words' (Arabic).

l. 14. فى الواقع 'in fact' (Arabic).

l. 17. بعدها 'thereafter' (Arabic).

p. 40, l. 18. ما بين 'as between' (Arabic).

p. 41, l. 3. بخصوصه 'in particular' (Arabic).

l. 19. اینجانب 'this side', i.e. 'myself'.

p. 42, l. 1. محبوب القلوب 'favourite', lit. 'beloved by the hearts' (Arabic).

l. 3. قدیم الأیّام 'of old', lit. 'the ancient of days' (Arabic).

l. 12. قریب العصر 'almost contemporary', lit. 'near in age' (Arabic).

l. 14. لهذا بالطّبع 'therefore naturally' (Arabic).

l. 19. من حیث لا یشعر 'unconsciously', lit. 'from where it is not realized' (Arabic).

p. 44, l. 19. بالاراده 'willed' (Arabic). For a fuller discussion of this point of grammar, see M. Minovi in *Journal of the Asiatic Society* (1942), pp. 41–47.

p. 46, l. 1. This article, by one of modern Persia's leading historians, is a re-estimate of the character of Sulṭān Maḥmūd of Ghazna (969–1030), one of the greatest military figures in the history of Islam for whose career see Browne, *L.H.P.* II, pp. 94–98.

l. 9. مجاهد فی سبیل اللّه 'warrior in the path of God' (Arabic), i.e. one who conducted جهاد ('holy war') in the cause of Islam.

l. 18. For the court-circle of Maḥmūd, see Browne, *L.H.P.* II, pp. 120–128, 148–164. Browne, *op. cit.* pp. 116, 157, spells زینتی for زینبی.

l. 22. Abū Raiḥān al-Bīrūnī (973–1048), one of the greatest thinkers and scientists of Islam, wrote important works on chronology, astronomy, astrology and history: he also knew Sanskrit and studied Hindu philosophy when he accompanied Maḥmūd to India. See Browne, *L.H.P.* II, pp. 96–98, 100–101.

p. 47, l. 18. For Ghaẓā'irī and his panegyric for Sulṭān Maḥmūd, see Browne, *L.H.P.* ii, p. 156. Majdu'd-Daulah (Abū Ṭālib Rustam), a prince of the Būyid house, succeeded his father Fakhru'd-Daulah in 387/997: he was seized and carried off from his capital Raiy to Khurasan by Maḥmūd of Ghazna in 420/1029. See *Encyclopaedia of Islam*, iii, p. 95.

ll. 19–20. Abū 'Ali [ibn] Sīnā (Avicenna), the great philosopher and physician (980–1037), and al-Bīrūnī enjoyed the patronage of the Khwārazmshāh Ma'mūn II until Maḥmūd's jealousy was aroused: see Browne, *L.H.P.* ii, pp. 101–108. For the events here referred to, and the accomplishments of Abū Sahl Masīḥī, Abū Naṣr ibn 'Arrāq, and Abū'l-Khair ibn Khammār, see Browne, *op. cit.* ii, pp. 96–97.

p. 48, l. 3. For Maḥmūd's treatment of Firdausī, and the satire written by the latter after his disappointment, see Browne, *L.H.P.* ii, pp. 135–140.

l. 6. مذهب حنفى 'the Hanafite doctrine', i.e. the Sunnī system of theology as founded by Abū Ḥanīfah (700–767): see Browne, *L.H.P.* i, pp. 294–295.

l. 7. دعاة اسماعيلى: for an account of the Ismā'īlī sect, see Browne, *L.H.P.* i, pp. 391–415.

l. 11. The Fāṭimids of Egypt (969–1171) were Ismā'īlīs: see *Encyclopaedia of Islam*, ii, pp. 88–92; W. Ivanow, *Ismaili Tradition Concerning the Rise of the Fatimids* (Bombay, 1942); Nāṣir-i Khusrau, *Safar-nāmeh*, tr. C. Schefer (Paris, 1881). بنى عبّاس: the 'Abbāsid caliphs of Baghdad, whose suzerainty Maḥmūd as an orthodox Sunnī acknowledged.

l. 14. قرامطه 'the Carmathians', a reforming movement of Islam eventually absorbed by the Ismā'īlīs, see *Encyclopaedia of*

Islam, II, pp. 767–772. معتزله 'the Muʿtazilites', a school of speculative dogmatics, see *E. of I.* III, pp. 787–793.

p. 49, l. 6. For the history of the Seljūqs, their struggles with the Sāmānid dynasty of Bukhara, and their overthrow of the Ghaznavid rule, see *Encyclopaedia of Islam*, IV, pp. 121–124, 208–213; Browne, *L.H.P.* II, chs. 3, 4, 5. Masʿūd, son and successor of Maḥmūd, after a stormy reign was deposed and murdered in 1040.

l. 13. Niẓāmu'l-Mulk (1017–1092), the famous minister of the Seljūqid rulers Alp Arslān and Malikshāh, was the author of the *Siyāsat-nāmeh*, a celebrated treatise on the art of government: see Browne, *L.H.P.* II, pp. 175–188.

p. 50, l. 1. Ṣādiq Hidāyat, the author of this article, is the most talented author of short stories in modern Persian literature: he has also written on Persian folk-lore and popular rhymes.

l. 2. تاسوعا : the ninth day of Muḥarran, the day before عاشوراء on which the martyrdom of the third Imam, Ḥusain the son of ʿAlī, is celebrated in Shīʿite Persia. For photographs of the Jāmiʿ (congregational) mosque of Isfahan, see *Rūzgār-i Nau*, vol. II, pt i, pp. 30, 40.

p. 53, l. 1. ناچه = نوچه (dialect form). The book from which this dialogue is taken is a satirical miscellany commenting on literary fashions in modern Persia. Note throughout the rhymes parodying the 'elegant' style of classical Persian prose.

l. 2. ماجوج = معجوج (exaggerated pronunciation). The ancient Hebrew and Christian legend of Gog and Magog reappears in Muslim eschatology, basing itself on *Qurʾān*, XXI, 97, XVIII, 93. The names are here used of course without any such significance.

l. 5. کردی نکردی 'if you do—please don't!'

l. 6. ای به چشم 'certainly, with pleasure'.

l. 8. میگوئی = میگی (colloquial).

l. 14. سگک کی باشد 'how dare it happen?' از آب در نیاید 'will not prove good'.

l. 15. مخصوصاً = مخصوصن

p. 54, l. 13. گوش هوش . . . زبان حال: these 'technical terms' of the spiritualist writers, like many other phrases throughout the dialogue, are of course used satirically. The 'inward ear' listens in to the inaudible thoughts, and the 'unvoiced emotion' indicates agreement.

l. 14. گفتی و درسفتی: a reminiscence of Ḥāfiẕ:

غزل گفتی و درسفتی بیا و خوش بخوان حافظ
که بر نظم تو افشاند فلك عقد ثریّا را

p. 55, l. 14. بادمجان گرداگرد قاب بچین 'practise the art of flattery', lit. 'clip the egg-plant around the platter'. بشقاب 'side-plate', lit. 'empty plate'.

l. 15. 'until your affair has struck coin and your onion roots', i.e. 'until your plan has made good headway'.

l. 16. از بر کردن 'to learn by heart'.

l. 17. حتّی = حتا

p. 56, l. 2 اساساً = اساسن

l. 5. عیناً = عینن

l. 12. هیچ خودرا مباز 'don't lose countenance', lit. 'don't lose yourself (by gambling)'.

l. 13. ضمناً = ضمنن

l. 19. اجناس لطیفه sc. 'the fair sex', 'the ladies'.

l. 22. در کار نیست 'is useless'.

l. 24. آب و تاب sc. 'bombast', 'pomposity'.

l. 25. دم زدن 'to speak'.

p. 57, l. 5. نانت در روغن sc. 'you will be in clover', 'you will be in the money'.

l. 9. حتماً = حتمن

l. 18. حق بجانب sc. 'affectedly meek'.

l. 25. بسر رفتن 'come to an end'.

p. 58, l. 2. خرده خرده 'little by little'.

l. 6. رخت هستی الخ sc. 'he died'.

p. 59, l. 1. This poem was composed some years ago by the present Poet Laureate of Persia. Bahār (b. 1887) is admired as the best living representative of the classical style of writing. For this and other poems in the following anthology the editor is indebted to M. Ishaque, *Sukhanvarān-i-Īrān dar ʿaṣr-i-ḥāẓir* (2 vols. Calcutta, 1933, 1937), which may be profitably consulted for biographical and bibliographical details concerning the poets here represented.

l. 2. The metre of this poem is مجتثّ مثمن مقصور, viz.

$$\cup - \cup -- | \cup\cup -- | \cup - \cup - | \underset{\smile}{\smile} -.$$

The poem is printed in M. Ishaque, *op. cit.* I, pp. 373–375; Muḥammad Ẓiyā Hashtrūdī, *Muntakhabāt-i āṯār*, pp. 107–109.

l. 11. صنیع 'work, product': Ishaque reads صنع, which is metrically impossible.

ll. 16–19. These lines are omitted by Hashtrūdī, as well as ll. 22–23.

l. 21. 'The higher the stature, the longer the apparel!'

l. 22. al-Ḥuṭaiʾa ('The Dwarf'—Ishaque incorrectly reads خطیئه) was a celebrated satirist, contemporary with the Prophet, see R. A. Nicholson, *Literary History of the Arabs*, p. 127.

l. 23. Ḥassān ibn Thābit won fame as the panegyrist of the Prophet, see Nicholson, *L.H.A.* pp. 52–54, 127.

p. 60, ll. 1–2. Omitted by Hashtrūdī, as well as ll. 17–20. Mu'izzī was the poet laureate of the Seljūqi monarch Sanjar (ruled 1117–1157), see Browne, *L.H.P.* II, pp. 327–330. Al-Mutanabbī (915–965), generally accounted by the Arabs to be their greatest classical poet, was court-poet to Saifu'd-Daulah of Aleppo, see Nicholson, *L.H.A.* pp. 304–313.

l. 3. Daqīqī of Tus is said to have been the first Persian poet to have attempted an epic, but was murdered by his slave after completing only a thousand lines: Firdausī incorporated his predecessor's work in his own. See Browne, *L.H.P.* I, pp. 459–462.

l. 7. Ishaque reads جلال و رفعت و گفتارهای

l. 8. Hashtrūdī reads فردوسی است بی کم و کاست, but cf. below, p. 61, l. 2.

l. 14. For بهمّت Hashtrūdī reads بغیرت

l. 18. نعوذ بالله 'we take refuge with God' (Arabic formula), to avert the consequences of the blasphemy implied in the following words.

l. 19. For صفّه Hashtrūdī reads صحنه ('stage, scene').

l. 21. For بپهنهٔ Hashtrūdī reads بصحنهٔ

p. 61, l. 8. Hashtrūdī then adds the following:

عتابهاش چو سیل دمان نهنگ او بار
خطابهاش چو باد و زان جهان پیماست
بگاه رقت چون کودك نکرده گناه
بوقت خشیت چون نرّه دیو خورده قفاست

l. 10. Ishaque has وزیر, which violates the metre.

ll. 11–12. Hashtrūdī omits. مستجاب دعا 'whose prayers are answered', a common metaphor for a saint.

ll. 15–16. Hashtrūdī omits.

l. 17. Note the vocatives.

l. 18. نیارست 'it is impossible'.

l. 22. ای شهره مرد 'O thou famous among men'.

p. 62, l. 1. This poem is quoted by E. G. Browne who uses it as the dedication for the fourth volume of his *Literary History of Persia*. It is given by Ishaque, *op. cit.* I, p. 25; Hashtrūdī, *op. cit.* p. 102. Īraj Mīrzā was born in 1874 and died in 1922: for his self-composed epitaph (with English translation), see *Rūzgār-i Nau*, vol. III, pt i, p. 80.

l. 2. The metre is هزج مسدّس اخرب مقبوض مقصور, viz.:

$$- - \cup \mid \cup - \cup - \mid \cup - -.$$

l. 3. Browne reads بر سر گاهواره, but this appears to violate the metre. بر 'beside'.

l. 9. Parvīn I'tiṣāmī (b. 1910) is the most talented poetess of modern Persia. This poem is given by Ishaque, *op. cit.* I, p. 50; Hashtrūdī, *op. cit.* p. 95. For an English translation, see *Rūzgār-i Nau*, vol. III, pt ii, p. 80. The metre is the same as that of Bahār's poem on p. 59.

l. 19. Ghulām Riżā Khān 'Rūḥānī' (b. 1896) writes in the classical style but uses 'new' themes, as in this poem, which Ishaque gives, *op. cit.* vol. I, p. 133. The metre is the same as that of Īraj Mīrzā's poem quoted above.

p. 63, l. 2. سر و صدا 'disputation, quarrelling'.

l. 4. Riżā-i Mashhadī, the eighth of the twelve Imams recognized by Persian Shī'ism (his full name was 'Alī al-Riḍā

b. Mūsā b. Ja'far), born at Medina in A.D. 765 or 770, was designated heir-presumptive to the caliphate by al-Ma'mūn, but died suddenly shortly afterwards in 818: see *Encycl. of Islam*, I, pp. 296–297. His tomb at Meshed is the most important Shī'ite shrine in Persia.

l. 12. Rashīd Yāsimī (b. 1896) is still better known as scholar and editor than as poet: he has translated E. G. Browne's *Literary History of Persia* into Persian. This poem is given by Ishaque, *op. cit.* I, pp. 99–101: it is written in the form of connected *rubā'īyāt* (after the fashion of Fitzgerald's Omar), a new style in Persian. The metre is هزج مسدّس محذوف , viz.

$$\cup - - - \mid \cup - - - \mid \cup - -.$$

p. 65, l. 1. This *rubā'ī* was composed in honour of E. G. Browne's sixtieth birthday: it is given by Ishaque, *op. cit.* I, p. 396. The metre runs: $- \mid - \cup \cup - \mid - \cup \cup - \mid - \cup \cup -.$

l. 5. This poem is included as a specimen of the type of patriotic song encouraged during the Riżā Shāh period: note the sentiments of xenophobia inculcated. It is given by Ishaque, *op. cit.* I, p. 65. The metre is سريع مطوى محذوف , viz.

$$- \cup \cup - \mid - \cup \cup - \mid - \cup -.$$

l. 18. This poem is given by Ishaque, *op. cit.* I, p. 119: it is a typical specimen of the modern ballad variant of the old classical lyric. The metre is مضارع مثمن اخرب مكفوف مقصور , viz.
$$- - \cup \mid - \cup - \cup \mid \cup - - \cup \mid - \cup -.$$

l. 19. لا ابالى 'feckless', lit. 'I do not care' (Arabic).

p. 66, l. 5. Note the metrical irregularities in this line and in lines 7 and 9.

l. 12. For a translation of this poem, see *Rūzgār-i Nau*, vol. II, pt iv, p. 62. It is given by Ishaque, *op. cit.* I, p. 391; Hashtrūdī, *op. cit.* p. 175. The metre is متقارب مثمن مقصور, viz.

⏑ – – | ⏑ – – | ⏑ – – | ⏑ –.

l. 19. كماهى 'exactly as it is' (Arabic).

p. 67, l. 1. Mīrzā Ḥusain Khān Samī'ī (b. 1876), sometime Governor of Azerbaijan, belongs to the old school of poets, though he has written on 'new' themes. This poem, which is given by Ishaque, *op. cit.* II, pp. 275–276, is in direct lineal descent from the great school of mystical poetry. The metre is رمل مثمن سالم, viz. – ⏑ – – | – ⏑ – – | – ⏑ – – | – ⏑ – –.

l. 7. لا مكان 'infinity', lit. 'no place' (Arabic).

p. 68, l. 6. Saiyid Ashrafu'd-Dīn (Nasīm-i Shamāl) (b. 1871) belongs to an earlier school than most of the other poets represented in this anthology: for more of his poetry, which is mainly political satire, see E. G. Browne, *Press and Poetry of Modern Persia*, pp. 182–196. This poem, which was written before the advent of the Pahlavī dynasty, is given by Ishaque, *op. cit.* II, pp. 168–170. The metre is رمل مثمن محذوف, i.e.

– ⏑ – – | – ⏑ – – | – ⏑ – – | – ⏑ –.

p. 69, l. 2. راه آهن 'railway'. طى الارض 'travelling' (Arabic).

l. 11. 'Abdu'l-Qādir al-Jīlānī (d. 1166) was the eponymous founder of the great Ṣūfī order of dervishes, the Qādirīya, see R. A. Nicholson, *L.H.A.* p. 393. Al-Shāfi'ī (d. 820) was founder of one of the four orthodox schools of Sunnī canonical law: see *Encycl. of Islam*, IV, pp. 252–254.

l. 12. Mālik b. Anas (d. 795) was the founder of the Mālikī school of Sunnī jurisprudence, see *Encycl. of Islam*, III, pp. 205–209. Aḥmad ibn Ḥanbal (d. 855) founded the Ḥanbalite school of law, see *Encycl. of Islam*, I, pp. 188–190. Al-Yāfi'ī (d. 1367) was a well-known Ṣūfī author, see *Encycl. of Islam*, IV, pp. 1144–1145.

l. 13. Abū Ḥanīfah (d. 767) was the founder of the Ḥanafī school of canon law, see *Encycl. of Islam*, I, pp. 90–91. By Bū Hurairī is presumably intended 'a follower of Abū Hurairah' (d. betw. 676–678), a well-known traditionist, see *Encycl. of Islam*, I, pp. 93–94. Rāfi'ī seems to be merely a rhyme.

l. 16. The Shaikhī sect was founded by Shaikh Aḥmad b. Zainu'd-Dīn al-Aḥsā'ī (d. 1827–8), see Browne, *L.H.P.* IV, pp. 402–403, 410–411. For the Bābī sect, founded by 'Alī Muḥammad of Shiraz, styling himself the 'Bāb' (d. 1850), see Browne, *op. cit.* IV, pp. 149–154, 420–423. By پطر Peter the Great is intended.

l. 21. For the fictitious 'Ḥusain the Kurd' and novels based on his exploits see Browne, *L.H.P.* IV, p. 464.

l. 24. Rustam and Gūdarz are heroes of ancient Persia whose deeds are recorded in Firdausī's *Shāh-nāmeh*: Gūdarz was sent by Kai Khusrau against Afrāsiyāb. See J. Atkinson, *The Sháh Námeh*, pp. 235 sqq.

p. 70, l. 7. The metre of this epigram is رمل مسدّس مقصور, viz.

$$- \cup - - \, | - \cup - - \, | - \cup -.$$

l. 12. This poem is given by Ishaque, *op. cit.* II, p. 96. The metre is the same as that of Bahār's poem on p. 59.

p. 71, l. 12. This poem was written at the time when Riẓā Shāh was contemplating the abolition of the veil in Persia: the author was born at Tehran in 1900, and is best known for his anthology of favourite passages from the Persian poets (*Bihtarīn ash'ār*). Ishaque gives this poem, *op. cit.* II, p. 102. The metre is the same as that of Rūḥānī's poem on p. 65.

l. 20. Mīrzā Mūsā 'Daulat' was born at Tehran in 1891, and was one of the leaders of the liberal constitutional movement. This poem, which is given by Ishaque, *op. cit.* II, p. 160, was written when the author was imprisoned. The metre is the same as that of Saiyid Ashrafu'd-Dīn's poem on p. 68. Note the author's use of the conventional figures of Persian lyric.

p. 72, l. 20. Ṣādiq Khān 'Sarmad' (b. 1907) belongs to the younger generation of poets, and has written in both the 'old' and the 'new' style. This and the following *rubā'ī* are given by Ishaque, *op. cit.* II, p. 206: their metre is the same as Bahār's poem on p. 65.

p. 73, l. 7. This poem is a literary curiosity, since it contains not a single word of Arabic origin, and thus represents the literary movement, with its political implications, which aimed, like the parallel movement in Turkey, at 'purifying' the language of all foreign accretions. The author, Mīrzā Hādī Khān 'Hādī', was born in 1891 and has held high office in the Ministry of Education. The metre appears to be based on the کامل مثمن سالم but has the first syllable long instead of short, viz.

$$- \cup - \cup - | - \cup - \cup - | - \cup - \cup - | - \cup - \cup -.$$

l. 11. هزار دستان sc. هزار 'nightingale'.

l. 15. سر کردن 'to begin'.

p. 74, l. 20. جمشید = جم

Printed in Great Britain
by Amazon

TEXTS

امثال و حکم

(۱) چراغ دروغ بی فروغ است .
(۲) جواب ابلهان خاموشی است .
(۳) مهمان هدیهٔ خداست .
(٤) هر کس پادشاه خانهٔ خود است .
(٥) بزرگی بعقل است نه بسال .
(٦) سعی هر کس بقدر همّت او است .
(۷) حسد دردی است که آنرا نیست درمان .
(۸) سگ هم در خانهٔ خود شیر است .
(۹) درویشی به طیلسان و خرقه نیست .
(۱۰) در خانهٔ مور شبنمی طوفان است .
(۱۱) توبهٔ گرگ مرگ است .
(۱۲) دزد همیشه گرسنه است .
(۱۳) اسب نجیب‌را یك تازیانه بس است .
(۱٤) چوپان خائن بدتر از گرگ است .
(۱٥) چشم بینا بهتر از سیصد عصا .
(۱٦) صاحب هنر بهیچ مکانی غریب نیست .
(۱۷) سگ از مردم مردم‌آزار به .
(۱۸) برای کور شب و روز یکی است .
(۱۹) وعده کردن آسان است ایفایش مشکل .

(۲۰) سنگ بزرگ علامت نه زدن است .

(۲۱) کم گفتن دلیل هوشمندیست .

(۲۲) آواز دهل شنیدن از دور خوش است .

(۲۳) سنگ زدن بمحل به که زر دادن بی محل .

(۲٤) هر که بامش بیش برفش بیشتر .

(۲٥) اگر گلی نیستی خار هم مباش .

(۲٦) توانا بود هر که دانا بود .

(۲۷) بالاتر از سیاهی رنگ دگر نباشد .

(۲۸) عشق و رشك جدا نمیشود .

(۲۹) از یك گل بهار نمیشود .

(۳۰) با یك دست دو هندوانه نمیشود برداشت .

(۳۱) ارزان یافته خوار باشد .

(۳۲) یك مرده بنام به که صد زنده بننگ .

(۳۳) کلوخ‌انداز را پاداش سنگ است .

(۳٤) بصبر از غوره حلوا میتوان ساخت .

(۳٥) پرسان پرسان بکعبه بتوان رفتن .

(۳٦) چاه‌کن همیشه ته چاه است .

(۳۷) سگ نمكشناس به از آدمی حق‌نشناس .

(۳۸) سرچشمه باید گرفتن به میل .

(۳۹) باید اول چاه‌را کند و بعد مناره‌را دزدید .

(٤۰) از نردبان پلّه پلّه بالا باید رفت .

(٤۱) عاقبت جوینده یابنده است .

(٤۲) موش و گربه که بهم ساختند دکان بقالی خراب میشود .

(٤۳) خدا خررا شناخت شاخش نداد .

(٤٤) آبی که از سر گذشت چه یك کلّه چه صد کلّه؟

(٤٥) کارد باستخوان رسید.

(٤٦) روباهی افتاد در خم نیل گفت منم طاوس علیّین.

(٤٧) کسی جو نکاشت که گندم درو کرد.

(٤٨) خدا دردرا داده و دوارا هم داده.

(٤٩) هر که زر دارد زور دارد.

(٥٠) طبل درون خالی آواز بسیار دارد.

(٥١) هر کس فرزند ندارد روشنائی چشم ندارد.

(٥٢) هر گریه‌ای هم از عقبش یك خنده‌ای دارد.

(٥٣) کار نکرده مزد ندارد.

(٥٤) آسیاب نوبت دارد.

(٥٥) آنکس که نکو کرد و بدی دید کدام است؟

(٥٦) هر چه در دل است به زبان می‌آید.

(٥٧) شراب مفت قاضی هم میخورد.

(٥٨) عیب خودرا کسی نمی‌بیند.

(٥٩) حرف حرف می‌آرد باد برف.

(٦٠) چراغ پای خودرا روشن نمیکند.

(٦١) هر میوه‌ای که سرش از باغ بیرون باشد هر کس از راه میگذرد بر آن سنگ میاندازد.

(٦٢) باد آورده‌را باد میبرد.

(٦٣) تا نگرید طفل کی نوشد لبن؟

(٦٤) مشك آنست که خود ببوید نه آنکه عطّار گوید.

(٦٥) برد گنج هر که رنج برد.

(٦٦) سوزنی باید کز پای در آرد خاری.

(٦٧) رفتم دماغش پاك کنم چشمش‌را هم کور کردم.

(٦٨) بوی گل‌را از که جوئیم؟ از گلاب.

(٦٩) از تفنگ خالی دو نفر میترسند .

(٧٠) هر چه غصّه بخوری از کیسه‌ات رفته‌است .

(٧١) خواهی نشوی رسوا؟ همرنگ جماعت شو .

(٧٢) چه از برای کر ساز کنی و چه از برای کور برقصی؟

(٧٣) با من آن کن که اگر با تو رود بپسندی .

(٧٤) یك سوزن بخودت بزن یك جوالدوز بمردم .

(٧٥) سری که درد نمیکند دستمال مبند .

(٧٦) جائی که نمك خوری نمكدان مشكن .

(٧٧) شتر که نواله میخواهد گردنش‌را دراز میكند .

(٧٨) حرف از دهن بزرگتر نزن .

(٧٩) اول برو دهنت‌را از گلاب بشو آنوقت اسمش‌را به بر .

(٨٠) تكّه‌ای بزرگتر از دهن بر ندار .

(٨١) لیلی‌را بچشم مجنون باید دید .

(٨٢) کوزه‌گر از کوزۀ شكسته آب میخورد .

شرعیّات

اصول دین و مذهب اصول دین و مذهب پنج است، توحید و عدل و نبوّت و امامت و معاد. توحید و نبوّت و معاد اصول دین همهٔ مسلمانان است و عدل و امامت از اصول مذهب شیعه است.

توحید توحید این است که خدارا یگانه و بیهمتا بدانیم و بجز او چیزی‌را نپرستیم زیرا اوست که جهانرا بقدرت خود آفریده ما و دیگر مخلوقات‌را از نیست بهست آورده‌است. دلیل یکتائی خداوند نظام عالم است که همیشه بر قرار میباشد چه اگر عالم‌را دو خدا یا بیشتر میبود نظام آن برهم میخورد.

عدل عدل آنست که خدارا عادل بدانیم و معتقد باشیم که او هیچگاه ببندگان خود ظلم نمیکند بلکه پاداش خوب‌را خوب و جزای بدرا بد میدهد. دلیل عدل خداوند آنست که خداوند تمام صفات خوب‌را دارد و از هر بدی منزّه است و چون ظلم بدترین کارها و عدل بهترین صفتهاست پس خداوند عادل است و ظالم نیست.

نبوّت نبوّت این است که پروردگار برای راهنمائی بندگان پیغمبرانی فرستاده که اوّل آنها آدم و آخر آنها پیغمبر ما محمّد بن عبد الله صلّی الله علیه وآله میباشد. کتابی که پیغمبر ما از جانب خدا آورده قرآن کریم است که آخرین کتابهای آسمانی است. اگر خداوند پیغمبران نمیفرستاد مردمان خوب‌را از بد نشناخته در گمراهی میماندند.

امامت امامت این است که پیغمبر ما پس از خود دوازده تن‌را برای راهنمائی اُمّت خویش معیّن فرموده‌است. اوّل علی بن ابی طالب علیه السلام، دوّم امام حسن علیه السلام، سوّم امام حسین علیه

السلام، چهارم امام زین العابدین علیه السلام، پنجم امام محمد باقر علیه السلام، ششم امام جعفر صادق علیه السلام، هفتم امام موسی کاظم علیه السلام، هشتم امام رضا علیه السلام، نهم امام محمد تقی علیه السلام، دهم امام علی نقی علیه السلام، یازدهم امام حسن عسکری علیه السلام، دوازدهم حضرت صاحب الزمان علیه السلام که غایب است و روزی که ظاهر شود دنیارا پر از عدل خواهد کرد.

معاد معاد آنستکه خداوند مردگانرا در روز قیامت زنده ساخته نیکوکارانرا به بهشت میبرد و بدکارانرا بدوزخ میفرستد. اگر معاد نباشد مردمان بپاداش اعمال نیك و بد خویش نمیرسند و این خود از عدل الهی دور است.

عبادات عبادات کارهائی است که مسلمانان باید بجا آورند تا خداوند از آنها خشنود باشد. عبادات از فروع دین و شمارهٔ آنها هشت است نماز و روزه و زکوة و خمس و حجّ و جهاد و امر بمعروف و نهی از منکر.

نماز بر هر کس واجبست در هر شبانروز پنج مرتبه نماز بگذارد. اوقات نماز صبح و ظهر و عصر و مغرب و عشاست. نماز صبح دو رکعت و نماز مغرب سه رکعت و باقی نمازها چهار رکعت است. یکی از شروط نماز طهارت است. وضو از جملهٔ طهارات است.

وضو ترتیب وضو این است که با آب پاك و صاف که غصبی نباشد دستهارا بشویند آنگاه در دل قصد وضو کرده اول صورت‌را بشویند و بعد دست راست سپس دست چپ‌را از آرنج تا سرانگشتان و پیش از آنکه آب وضو خشك شود کف دست راسترا بر پیش سر بالای پیشانی بکشند و بلا فاصله پای راست‌را با دست راست و پای چپ‌را با دست چپ مسح کنند.

نماز پس از وضو ساختن نماز میخوانند. بدن و جامهٔ انسان در

نماز باید پاك باشد. لباس نمازگذار و جائی که در آن نماز میگذرد باید غصبی نباشد و گر نه نماز درست نیست. نماز چهار رکعتی‌را بدینطریق میخوانند که رو بقبله ایستاده نیّت میکنند آنگاه دو دست‌را تا برابر گوشها بلند ساخته میگویند الله اکبر بعد سورهٔ الحمد و قل هو الله میخوانند و برکوع میروند و سه بار میگویند سبحان الله آنگاه ایستاده و بعد بسجده میروند و سر از سجده بر داشته پس از لحظه نشستن دوباره بسجده میروند و در هرسجده سه مرتبه سبحان الله میگویند و پس از سجدهٔ دوّم بر خاسته رکعت دوّم‌را شروع میکنند. در رکعت دوّم پس از خواندن حمد و سوره دو کف دست‌را برابر صورت نگاهداشته این دعارا میخوانند ربّنا آتنا فی الدنیا حسنة وفی الآخرة حسنة. آنگاه بقرار رکعت اوّل رکوع و سجود بجا میآورند و بعد از سجدهٔ دوّم نشسته تشهّد میخوانند. تشهّد این است: أشهد ان لا اله الاّ الله لا شریك له و أشهد ان محمدا عبده ورسوله الهمّ صلّ علی محمد وآل محمد. پس از تشهّد بر خاسته رکعت سوّم‌را شروع میکنند. در رکعت سوّم بجای حمد و سوره سه بار میگویند سبحان الله والحمد لله ولا اله الاّ الله والله اکبر. آنگاه رکوع و سجود بجا آورده بر میخیزند و رکعت چهارم‌را مانند رکعت سوّم انجام میدهند. در این رکعت که رکعت آخر است بعد از سجدهٔ دوّم نشسته تشهّد میخوانند و آنگاه سلام داده از نماز فراغت حاصل میکنند. سلام این است: السلام علیکم ورحمة الله وبرکاته. در نماز مغرب که سه رکعت است تشهّد دوّم و سلام‌را بعد از رکعت سوّم باید بجا آورد و در نماز صبح که دو رکعت است پس از تشهّد اوّل سلام میدهند.

روزه بر هر عاقل مکلّفی واجبست که در ماه رمضان روزه بدارد یعنی هر روز از طلوع فجر تا شامگاه چیزی نخورد و نیاشامد و از آنچه

در حال روزه جایز نیست بپرهیزد . روزه بر بیمار و مسافر و زنان شیرده و کسانیکه روزه سبب رنجوری آنها میشود حرام است و بر پیران واجب نیست .

حج هر کسی که عاقل و مکلّف باشد باید در عمر خود یکبار بمکّه رود و خانهٔ خدارا بآدابی که پیغمبر ما صلّی الله علیه وآله فرموده‌است زیارت کند بشرط آنکه استطاعت داشته باشد .

خمس بر هر عاقل مکلّف واجبست پنج یك از مال خودرا بدستوریکه در آئین اسلام معیّن است بامام و بسادات بدهد . خمس‌را از گنج و غنیمت جنگ و منفعت تجارت و چند چیز دیگر میدهند .

زکوة زکوة این است که مقداری از مال خودرا بدستور آئین اسلام بمستحقّان بدهند . زکوة دو قسم است زکوة مال و زکوة بدن . زکوة مال از نه چیز داده میشود گندم و جو و مویز و خرما و شتر و گاو و گوسفند و طلا و نقره . زکوة بدن این است که هر کس برای خود و برای هر یك از افراد خانوادهٔ خود در روز عید فطر یك من تبریز از خوراك غالب خویش یا قیمت آنرا بفقرا بدهد .

جهاد بر هر مسلمانی واجب است که در وقت حملهٔ دشمن اسباب جنگ ساز کند و دشمن‌را از خاك خود براند .

امر بمعروف و نهی از منکر هر کس باید مردمانرا بکارهای خوب که خدا و پیغمبر فرموده‌اند وادارد و از اعمال بد که نهی کرده‌اند باز دارد بشرط اینکه خوب و بدرا بداند و سخنش پیشرفت داشته باشد و از گفتن آن ضرری بشخص او یا بمسلمان دیگر نرسد .

‘Kitāb-i sivvum-i ibtidā’ī’ (Tehran, 1318), pp. 249–257.

پیدایش نوری که هنوز تابان است

ز قاطعان طریق آن زمان شوند ایمن
قوافل دل و دانش که مرد راه رسید (حافظ)

تنها دلخوشی آمنه پس از مرگ عبد اللّٰه فرزندی بود که گاهی حرکت اورا در خود احساس میکرد مثل جوجه تك میزد، مانند بزرگ در میکوبید. این جنبش آمنه‌را دلشاد داشته، لبخند میزد و منتظر میشد. همه روز که از خواب بر میخاست گوش بزنگ و در انتظار حرکت او بود.

وقتیکه راه میرفت بآرامی قدم بر میداشت. جرهٔ سفالی‌را با احتیاط بلند میکرد. آرزو میکرد طفل او پسر باشد. یك عبد اللّٰه کوچك باشد. این فکر سرچشمهٔ شادمانیهای او بود.

ماهها گذشت. او حساب هر ماه و روزرا با سرانگشتان خود داشت. روزی چندین بار به این محاسبهٔ خود رسیدگی مینمود. برای دیدارش بیقرار بود. او در وجودش بود ولی میخواست باز از آن بخود نزدیکتر باشد. چگونه؟ آرزو میکرد پهلوی خود، در دامان خویش و زیر پستان خودش آرمیده باشد. آیا آنوقت نزدیکتر از آنجائی که بود میشد؟ نه. ولی فکر میکرد چشمهایش در جستجوی اوست. بدنش تماس آنرا میخواهد و دماغش بوی آنرا میجوید. کافی نیست که تنها وجودش‌را احساس کند. بشر آنچه‌را که دوست دارد با جملگی حواس خود میخواهد ادراکش کند، تمام حواس‌را در تماس با او قرار دهد و تمام رشته‌هائی که از روح او جدا شده و بعالم پیوسته است به آن بسته شود.

یك روز دوشنبه در فجر صادق، مقارن همان ساعتی که آن حوادث

افسانه‌وش در قصر شاهنشاه ایران وقوع یافت و دل بزرگترین امپراتورهای
زمین‌را به تپش انداخت، در همان ساعت که آمنه در خانهٔ محقر خود
آرمیده بود، دردی که در انتظارش بود احساس کرد . رفته رفته
شدید و شدیدتر شد . نشست . در همان حال ستارگان‌را مشاهده کرد
۵ که بمنزل او سقوط میکنند . ستاره‌های آبی با دنباله‌های ارغوانی و
طلائی به پشتبام او می‌ریزند ـــ و خدا داناتر است ـــ رنگ‌آمیزی و پرواز
ستارگان در چشم آمنه منظرهٔ زیبائی داشت . از این تماشا بوجد آمده
بود .

ناگهان زنهای نورانی‌را دید که اطراف بالینش نشستند . فکر کرد
۱۰ زنان قریشند ولی متحیر بود چگونه خبر یافته‌اند که او امشب وضع
حمل میکند . صدائی بسان زمزمهٔ فرشتگان و ارواح از میان آنها بلند
شد . یکی گفت : من آسیه زن فرعون هستم . دیگری گفت : من
مریم دختر عمرانم . آمنه بروی آنها تبسمی کرد .

ناگهان کبوتری سپید با نُك زمردین و بالهای یاقوتی نزدیکش آمد .
۱۵ پرهای خودرا که از ابریشم نرمتر بود به پهلویش مالید . دردی که
در او بود آرام گرفت . پسرش بدنیا آمد . سرش در مقابل خالق
بسجده و دستهایش بآسمان بود . ابری مانند پشم بره سپید و مجعد ،
شنا کنان بوی نزدیك شده دور بچه پیچید . صدای بال کبوترانی
بگوش آمنه خورد . سپس این کلمات‌را شنید : «ما به پسر تو
۲۰ خلق آدم ، معرفت شیث ، شجاعت نوح ، خصلت ابراهیم ، زبان اسمعیل ،
رضای اسحق ، فصاحت صالح ، حکمت لوط ، مژدگانی یعقوب ، تحمل موسی ،
طاعت یونس ، صبر ایوب ، جهاد یوشع ، صدای داود ، حب دانیال ،
وقار الیاس، عصمت یحیی و زهد عیسی‌را عطا کردیم .» آمنه که
دیدگانش بدنبال فرزندش بود سه فرشته‌را دید در دست یكی ابریق
۲۵ نقره، دومی طشت زمردین و در دست سومی حریر سپید ـــ و خدا داناتر
است ـــ هفت مرتبه طفل‌را شستند . بین دو کتفش مهر زدند . در

میان حریر پیچیده، روی بالهای خود گرفتند و از نظرش ناپدید کردند. آمنه فریادی زد.

ام عثمان که در اطاق دیگر خوابیده بود از خواب جست و بسوی آمنه دوید. پسری نورانی در آغوش وی دید.

این همان شب بود که افسانه‌نویسان ایرانی خبر دادند چابك سواری بمداین رسید و به انوشیروان خبر داد که آتشکدهٔ آذر گشسب که هزار سال روشن بود خاموش شد. سرد شد و مرد.

و همان شب بود که یك یهودی یثرب بر فراز قلعه‌ای فریاد کرد: «این ستارهٔ احمد است. ستارهٔ پیامبر جدید است.» و یهودیهای یثرب که پای قلعه ایستاده بودند بسراغ غیبگو و دانشمند خود دویدند.

و همان شب بود که یك عرب بیابانی با ریشهای سپید و قامتی بلند مهار شترش در دست وارد مکه شد و این اشعاررا میخواند:

«دیشب مکه در خواب بود و ندید که در آسمانش چه نور افشانی و چه ستاره بارانی بود!

«مثل این بود که ستارگان از جای خود کنده شده‌اند، ماه که آنهمه بالا بود چگونه پائین آمد، ستاره‌ها که آنهمه دور بودند چگونه تا بداخل خانه‌های مکه فرود آمدند!

«اسراری که در بیابان هست چرا در شهرها نیست و شهرنشینان چرا از آن بی‌خبر اند؟»

مکه‌ئیها از آهنگ آن عرب طرب یافته اطرافش جمع شده و با او میآمدند. عرب بیابانی دوباره آواز خودرا از سر گرفت.

«دیشب چه خبر بود؟ مکه در خواب بود و ندید که در آسمانش چه نور افشانی و چه ستاره بارانی بود!

«چه بسا رازهائی که در طبیعت هست و گاه بگاه خودی نشان میدهد آنهم نه بهر کس!

«مکه دیشب گل باران شده بود ولی گلهایش همه ستاره بود ! »

هفتمین روز ولادت پسر آمنه، عبد المطلب بزرگان قریش‌را دعوت کرد . کباب و عسل و ماست برای آنها تهیه دید .

سه شتر هم برای فقراء کشت : یکی برای فقرای شهر، دیگری برای فقرای خارج و سومی‌را دستور داد که برای پرندگان و حیوانات بالای کوه بگذارند .

فقرای مکه درب خانهٔ او اجتماع کرده بودند که سهم خودرا بگیرند نی‌زنها با دسته آوازه خوان و دف میزدند و شادمانی میکردند . انتظار داشتند که آنهارا بداخل بخوانند .

بزرگان قریش و اشراف مکه که در خانهٔ عبد المطلب و بر سر سفرهٔ او بودند، دست به «محاسن» ریش خود میکشیدند و از غذای او تمجید میکردند .

یکی از بزرگان آنها پرسید : نام این پسر چه خواهد بود؟

عبد المطلب : محمد . (مفتخر شده .)

قریشی مزبور : چرا نامی بوی داده‌ای که در عرب مرسوم نیست؟

عبد المطلب : برای آنکه او نیز نظیری ندارد و بدان امید هستم که در آسمان و زمین عزیز و مفتخر شود .

Zainu 'l-'Ābidīn Rahnumā: 'Paiyāmbar', vol. 1, pp. 109–112.

گزارش استعفای شاه سابق و تخت‌نشینی شاه فعلی

یکساعت قبل از ظهر ۳ شنبه ۲۵ شهریور ۱۳۲۰ جلسهٔ فوق العادهٔ مجلس تشکیل شد و هیئت دولت در مجلس حضور یافت و آقای نخست وزیر بشرح زیر استعفانامهٔ اعلیحضرت رضا شاه پهلوی‌را از مقام سلطنت قرائت نمود.

اقای نخست وزیر — یکی از مهمترین قضایایرا که واقع شده‌است باید بعرض مجلس شورای ملی برسانم و متأسفم که با این کسالت مزاج نمیتوانم که صحبت کنم و قضیه هم طوری سرعت انجام گرفته و هیچ فرصت نداشته‌ام فکری کنم که بیاناتم‌را قبلا تهیه کرده باشم.

قضیه که باید بعرض آقایان برسانم اینستکه اعلیحضرت رضا شاه پهلوی بموجباتیکه حالا خواهم خواند اراده کرده‌اند که از سلطنت کناره کنند و امر سلطنت‌را بوالاحضرت همایون ولایتعهد تفویض کنند و استعفانامه‌ئی نوشته‌اند و والاحضرت همایون ولایتعهد زمام اموررا بدست گرفتند.

متن استعفانامه — نظر باینکه من همهٔ قوای خودرا در این چند ساله مصروف امور کشور کرده و ناتوان شده‌ام حس میکنم که اینک وقت آن رسیده‌است که یك قوه و بنیهٔ جوانتری بکارهای کشور که مراقبت دائم لازم دارد بپردازد و اسباب سعادت و رفاه ملت‌را فراهم آورد بنا بر این امور سلطنت‌را بولیعهد و جانشین خود تفویض کردم و از کار کناره نمودم از امروز که روز ۲۵ شهریور ماه ۱۳۲۰ است عموم ملت از کشوری و لشکری ولیعهد و جانشین قانونی مرا باید بسلطنت بشناسند و آنچه از پیروی مصالح کشور نسبت بمن میکردند نسبت بایشان منظور دارند. کاخ مرمر تهران ۲۵ شهریور ماه ۱۳۲۰ — امضاء.

بطوریکه عرض کردم بحمد الله اعلیحضرت سابق جانشین جوان لایق و محبوبی دارند که بر طبق قانون اساسی میتوانند فوراً زمام امور سلطنت ایران‌را بدست بگیرند و بدست گرفتند.

وبنده‌را مأمور و مفتخر فرمودند که با همکارانی که سابقاً معین شده بودند باتفاق آنها در جریان امور کشور بوظایف خودمان بپردازیم. ولی در اینموقع که ایشان زمام اموررا بدست گرفتند و بنا شد که ما کناره‌گیری اعلیحضرت سابق و زمامداری اعلیحضرت لاحق‌را بملت اعلام کنیم امر فرمودند که باطلاع عامه و مجلس شورای ملی برسانیم که ایشان در امر مملکت و مملکت‌داری نظریات خاصی دارند که چون مجال نداشتیم تهیه کنیم و بروی کاغذ بیاوریم نمیتوانم بتفصیل عرض کنم لذا باجمال عرض میکنم و آن این استکه ملت ایران بدانند که من کاملا یك پادشاه قانونی هستم و تصمیم قطعی من بر این استکه قانون اساسی دولت و مملکت و ملت ایران‌را کاملا رعایت کنم و محفوظ بدارم و جریان عادی قوانینی‌را هم که مجلس شورای ملی وضع کرده‌است یا وضع خواهد کرد تأمین کنم و اگر در گذشته نسبت بمردم جمعاً یا فرداً تعدیاتی شده باشد از هر ناحیه‌ای که آن تعدیات واقع شده باشد از صدر تا ذیل مطمئن باشند که اقدام خواهیم کرد از برای اینکه آن تعدیات مرتفع و حتی الامکان جبران بشود.

امیدوارم این سلطنت نو بر ملت ایران مبارك باشد و آرزوهائی که ملت ایران نسبت بخودش دارد و آرزوهائی که ملت و میهن‌پرستان ایران نسبت باین دولت و ملت و مملکت دارند درسایهٔ توجهات شاهنشاه جوان جدید صورت وقوع پیدا کند.

عجالتاً عرض کردم چون امکان نداشت که به تفصیل بیان کنم و توضیح مفصل‌تری بدهم باین مختصر اکتفا میکنم برای اینکه هرچه زودتر مجلس شورای ملی و ملت ایران از وقوع این واقعهٔ مهم خبردار شوند و تقاضا میکنم که موافقت فرمایند فردا مجلس شورای ملی‌را باز

تشکیل بدهند که اعلیحضرت همایونی تشریف بیاورند و بوظایف قانونی خودشان در این باب عمل کنند. (صحیح است.)

☆ ☆ ☆

چهار و نیم بعد از ظهر روز چهارشنبه ۲۶ شهریور اعلیحضرت محمد رضا پهلوی با تشریفات سلطنتی بمجلس ورود فرموده سوگندنامهٔ زیررا قرائت فرمودند:

بسمه تعالی. من خداوند قادر متعال‌را گواه گرفته بکلام الله مجید و بآنچه نزد خدا محترم است قسم یاد میکنم که تمام هم خودرا مصروف حفظ استقلال ایران نموده حدود مملکت و حقوق ملت‌را محفوظ و محروس بدارم قانون اساسی مشروطیت ایران‌را نگهبان و بر طبق آن و قوانین مقرره سلطنت نمایم و در ترویج مذهب جعفری اثنی عشری سعی و کوشش نمایم و در تمام اعمال و افعال خداوند عز شأنه‌را حاضر و ناظر دانسته منظوری جز سعادت و عظمت دولت و ملت ایران نداشته باشم و از خداوند متعال در خدمت بترقی ایران توفیق میطلبم و از ارواح طیبهٔ اولیاء اسلام استمداد میکنم

اعلیحضرت همایونی پس از قرائت سوگندنامه نطق مختصر زیررا ایراد فرمودند:

اکنون که مقتضیات داخلی کشور ایجاب نموده‌است که من وظایف خطیر سلطنت‌را عهده‌دار شوم و در چنین موقع سنگین مهام امور کشوررا مطابق قانون اساسی تحمل نمایم لازم میدانم با توجه وافی باصول مشروطیت و تفکیك قوا لزوم همکاری دائم و کامل‌را بین دولت و مجلس شورای ملی خاطرنشان نموده برای تأمین مصالح عالی کشور متذکر شوم که هم من و دولت و هم مجلس شورای ملی و عموم افراد ملت هر یك باید مراقبت تام نسبت بانجام وظایف خود داشته باشیم و هیچگاه بهیچوجه از رعایت کامل قوانین فرو گذار نکنیم.

در این زمینه مخصوصاً برای رفاه اهالی کشور فرمان مؤکد داده شده که بعموم مأمورین و مستخدمین کشوری و لشکری ابلاغ گردد که هر کس از حدود قوانین و مقررات وابسته تجاوز نماید ویا بحقوق افراد تعدی کند موافق قانون بکیفر مقرر خواهد رسید دولت مأموریت دارد گذشته از اهتمام جدی در اجرای دقیق قوانین برای اصول تأمین قضائی برنامهٔ جامعی حاکی از رئوس اصلاحات مربوط بامور اجتماعی و اقتصادی و مالی و تغییر مقرراتیکه با احتیاجات و مقتضیات امروز وفق نمیدهد هرچه زودتر با موافقت و تصویب مجلس تهیه نموده بموقع اجرا بگذارند که موجبات آسایش عموم طبقات اهالی کشور و همچنین بهبود اوضاع زندگی خدمتگزاران لشکری و کشوری از هر جهة آماده و وسایل ترقیات آیندهٔ کشور فراهم گردد . این نکته‌را مخصوصاً یادآور میشوم که من جد وافی خواهم داشت پیوسته وظایف خودرا موافق قانون و وجدان انجام دهم و انتظار دارم نمایندگان ملت و عموم کارکنان ادارات دولت و طبقهٔ روشن فکر هم همین معنیرا نصب العین خود نموده برای سعادت و بهروزی میهن که مقصود مشترك همهٔ ماها میباشد ازین روش منحرف نگردند ضمناً دولت من اهتمام کامل بعمل خواهد آورد که با همکاری نزدیك با دولتهائیکه منافع ما با منافع آنها ارتباط مخصوص دارد بطوریکه مصالح مملکت کاملا رعایت شود مشکلاتی که فعلا برای ما پیش آمده حل شده و جریان امور بر وفق دلخواه گردد درینصورت امیدوارم بفضل خداوند با منتهای کوشش که همهٔ ما با تمام قوا بعمل خواهیم آورد کشتی سلامت کشوررا بساحل برسانیم .

☆ ☆ ☆

هشت و نیم بعد از ظهر یکشنبه سوم آبان اعلیحضرت همایونی با دستگاه بخش صدای تهران خطابهٔ زیررا بوسیلهٔ رادیو ایراد فرمودند :
هم‌میهنان عزیز من : اگر امشب‌را که شب چهارم آبانماه است

برای سخن‌گوئی اختیار کرده‌ام باین جهة است که در آن تاریخ از برکات این آب و خاك برخوردار گردیده‌ام، پس در اینموقع از همه وقت قلب خودرا نزدیکتر بشما می‌یابم

نخستین مطلبی که میخواهم گوشزد کنم مسئلهٔ وحدت ملی است یعنی کیفیتی که اگر حاصل شود همهٔ اجزاء ملت با توافقی تمام مشغول کار میشود وضیع و شریف توانگر و فقیر اداری و غیر اداری برای یك منظور دست بکار میزنند همه بیك چیز امیدوار و از یك چیز هراسان نسبت بیك امر شاد و نسبت بیك امر غمناك میشوند

این حالت‌را وحدت ملی میگویند که پیکر جامعه‌را هر قدر بزرگ و پراکنده باشد بصورت بدنی ذیروح حساس و دراك در میاورد و همین حال ضامن بقای آن قوم محسوب میگردد. تجربه‌های تاریخی نشان میدهد که عزت و شوکت و سعت و قدرت ضامن بقای ملل نیست چه بسا کشورهای پهناور و اقوام بی حد و حصر که چون فاقد این یگانگی بوده‌اند به اندك لطمهٔ از پای در آمده‌اند و چه بسا ملل کوچك و ضعیف که از نعمت وحدت برخوردار بوده‌اند و با حوادث کوه‌پیکر مقاومت کرده زنده مانده‌اند.

شکی نیست که هستی‌بخش و نگاهدارندهٔ اشخاص و اقوام جهان دیگری است و توسل باو بهترین قوت قلب و آرامش خاطررا ارزانی میدارد و اعتقاد به پروردگار برای فرد و قوم سرمایهٔ تسلی و منبع نیرو و مهذب اخلاق خواهد بود لکن بنظر من آن ملتی حق دارد متوقع باشد که عنایت الهی اورا از هر گونه مصائبی برهاند و هستی اورا برومند و پایدار کند که خودرا لایق و آمادهٔ دریافت آن عنایت کرده باشد و بهترین نشانهٔ آمادگی و شایستگی ملل همانا وحدت و یگانگی خود اوست و معنی دست خدا با جماعت است جز این نیست که افراد بصورت جامعه در آیند یعنی یگانه شوند تا پرتو رحمت الهی بر آن وحدت بتابد و الا در عین نفاق و پراکندگی فقط بانتظار عنایت آسمانی

نشستن با جریان عالم که مبتنی بر علل و اسباب است راست نمی‌آید و چنین توقعی بیجاست.

نکتهٔ دیگر که ذکر آنرا ضروری میدانیم مسئلهٔ ترقی است. پس از آنکه وحدت حقیقی ملی حاصل شد و ایمان کامل به عالم معنوی در قلبها رسوخ یافت یقینا چنین قومی دارای اخلاق حمیده و ملکات پسندیده از صدق و فتوت و فداکاری و میهن‌پرستی و نوع‌دوستی خواهد شد ولکن اکتفا بهمین موضوع کافی نیست باید ملت ترقی‌خواه باشد یعنی راضی نشود که امروزش با دیروز مساوی گردد بلکه آرزومند باشد که از حیث حیات فردی و اجتماعی روز بروز راه ترقی و تعالی بپیماید ظهور چنین حالی در ملت مستلزم رقابت است که افراد و جماعات برای پیشرفت با یکدیگر مسابقه کنند مشروط بر اینکه محرك حقیقی غبطه باشد نه حسد غیرت باشد نه رشك.

افراط در مادیات و ترك کلی اخلاقیات و معنویات موجب تنزل بلکه هلاك ملت است با تقید بعوالم اخلاق و معنوی باید هر فردی بکوشد که در راه ترقی و تعالی حقیقی پیشرفت حاصل نماید و بوسایل مشروع از امثال و اقران جلو بیفتد و هیچگاه در این سیر تکامل بفرود آوردن مقام و شکست کار دیگران نپردازد بلکه با وسایل مجاز و روشهای آزاد در حصول مقامات شامخ مجاهدت ورزد و از تخریب دیگران که برای جامعه بدترین ابتلاء و بدبختی است بپرهیزد تا از مجموع کوششهای سودمند افراد سطح غنای ملی بالا رود و هر گونه نیازی از میان برخیزد.

در اینجا مطلب دیگر که میخواهم یادآور شوم راجع بطرز حکومتی است که در واقع برای وحدت ملت و رقابت مفید بمنزلهٔ استخوان‌بندی و تکیه‌گاه است زیرا بعقیدهٔ من همهٔ حکومت‌ها از این حیث در یك مرتبه نیستند، مناسب‌ترین طرز حکومتی که پرورندهٔ منظورهای فوق است دموکراسی است در این سبك حکومت چون زمام نیروهای کشور

در دست خود ملت است همهٔ افراد خواهند توانست در دایرهٔ همت و ذوق و استعداد و میل طبیعی خود آزادانه سیر کنند و در پی آنچه که میخواهند بروند و در رشته‌های مختلف سرآمد اقران شوند.

نسیم روح‌پرور آزادی که گرامی‌ترین نعمت‌های جهان است در این طرز حکومت میوزد آزادی گفتار و کردار که تنها شرط مسابقه در راه ترقی است فقط در این چنین محیطی میسر تواند شد.

اما ملت آزاد در مقابل سرفرازی و تنعم از نعمت آزادی تکالیف و وظایفی هم دارد که اگر ادا نکند اساس آزادیش مختل میشود و به تجربه رسیده که هر ملت آزادی که به مقتضیات آزادی عمل نکرده و بمصالح و منافع عمومی متوجه نشده و از آزادی سوء استفاده کرده و نفع عموم‌را فدای اغراض شخصی نموده‌است، زود یا دیر از آزادی حقیقی بی‌بهره شده و راه مذلت و بندگی سپرده‌است و من امیدوارم ملت ایران باین نکته پی برده و نعمت آزادی‌را برای خود حفظ نماید و از جانب شخص خود اطمینان میدهم که برای این موضوع به منتهی درجه خواهم کوشید.

در خاتمه روی سخن بجوانان کشور، ویژه دانشجویان کرده میگویم:

شما سرمایهٔ آیندهٔ مملکت و چراغ هدایت قوم خود هستید سالها مادر میهن شمارا در دامن خویش پرورده‌است تا در هنگام ضرورت دانش و هنر و ایمان و اخلاص شما کشتی وطن‌را بساحل ترقی برساند. بر شما واجب است با وسائلی که در دسترس شما گذاشته شده‌است هر روز در کسب کمال بکوشید و در راه دانش‌های سودمند و تمرین در اخلاق پسندیده سستی روا ندارید و در ضمن آموزشهای نظری بورزش و پرورش بدنی که بهترین وسیله برای داشتن فکر سالم و روح قوی است اهمیت بدهید تا در مسابقهٔ آزادانه‌ای که برای بروز استعداد شما در پیش است و باید منجر بوحدت ملی تام و ترقی و تعالی کشور شود کاملا آماده باشید.

من شخصاً مراقب شما هستم و ترقی فرهنگ کشوررا بمعنی اعم که موجب هر گونه پیشرفت و سعادت ملتی است هدف نیات خود قرار داده‌ام و نیز عموم طبقات دیگر ملت‌را دعوت میکنم که در نیات ترقی پرورانه با من مساعدت نمایند و بدانند که راه نیل سعادت و شرافت مجاهده و کوشش و فداکاری است و برای این کوشش و مجاهده حاضر شوند تا باتفاق بتوانیم به آرزوهای شرافتمندانهٔ خود برسیم، زیرا هر قومی برای اینکه در شمار ملل زنده بوده بتواند سرفرازانه بسر برد باید مراتب بلندی از هنرمندی و مقامات معنوی‌را هدف آمال خود قرار دهد و این معنی است که از آن به آرزوهای شرافتمندانه تعبیر میکنم و امیدوارم شما هم‌میهنان من همه دارای همین آرزو باشید و در نیل به آن مقام از هیچ کوششی فرو گذار ننمائید.

'Sāl-nāmeh-i Pārs' (1321), pp. 105–113, 126–129.

مذاکرات مجلس

دیروز یکساعت و نیم قبل از ظهر مجلس بریاست آقای اسفندیاری تشکیل گردید صورت جلسه قبل خوانده و تصویب شد.

آقایان نخست وزیر — وزیر مشاور — وزیر دادگستری — وزیر پیشه و هنر — وزیر راه — وزیر کشاورزی و معاون وزارت جنگ در مجلس حضور داشتند.

آقای روحی — مطالبی بنده راجع به پزشکان گفته بودم که ایجاد سوء تفاهم شده بنده البته زحمات پزشکانی که خدمت بجامعه میکنند کاملا در نظر دارم و منظور این بود که سایرین هم کمك کنند.

آقای تهرانچی — راجع بشرکتی که تجار برای تأمین خواربار تهران روی حسن نیت تشکیل داده‌اند شرحی بیان نموده و اظهار داشتند اینکار صد در صد بنفع مردم است و باید دولت مورد توجه قرار دهد.

آقای دولتشاهی شرحی راجع به وضع خوانسار که دکانهای نانوائی بسته شده بیان نموده و تلگراف راجع باین موضوع تقدیم کردند.

آقای هاشمی راجع بموضوع جمع‌آوری محصول که باید مورد توجه خاص دولت باشد شرحی بیان نمودند سپس تلگرافی که صاحبان گرمابه‌ها برای نرسیدن نفت سیاه کرده بودند تقدیم مقام ریاست کردند.

آقای امیر تیمور — بنده از تشریف فرمائی آقای نخست وزیر استفاده کرده تمنا دارم بفرمایند برای جمع‌آوری محصول کشور چه اقدام کرده اند.

آقای نخست وزیر — در جواب سؤالی که آقای امیر تیمور فرمودند باید همین قدر عرض کنم که دولت جمع‌آوری محصول‌را در درجه اول اهمیت قرار داده‌است در کار جمع‌آوری خوابار شاید امروز ما کاری مهمتر نداشته باشیم دولت مطالعات زیادی در ان باب نموده و

طرحهائی هم تهیه شده و در نظر است با کمیسیون خواربار که انتظار داریم زودتر تشکیل شود مشورتی بکنیم و فورا یك اقداماتی بنمائیم که هم جمع‌آوری محصول که امسال از هر جهت خوب شده تأمین شود و هم وضع برزگران و مالکین و حق آنهارا محفوظ کرده باشیم. در این ضمن از موقع استفاده کرده و باطلاع آقایان نمایندگان میرسانم دیروز که سفیر کبیر شوروی بملاقات من آمده بود اظهار کرد که دولت شوروی حاضر شده‌است ۲۰ هزار تون گندم برای مصرف تهران بما بدهد و البته این ۲۰ هزار تون گندم که مقدار فوق العاده است برای مصرف تا سر خرمن تهران کافی است و ما امیدواریم بعد از مذاکراتی که با آنها بکنیم و ترتیب حملش‌را بدهیم که زود هم حمل شود مصرف نان تهران‌را تا سر خرمن از هر جهت تأمین کنیم بنا بر این قسمت دیگری‌را که متفقین ما داده و میدهند برای نقاط جنوب و غرب تخصیص خواهیم داد و به این ترتیب امیدواری کامل داریم که تا اول خرمن گشایشی حاصل شود.

(سزاوار — استدعا میکنم بفرمایند کی خواهند داد.)

آقای نخست وزیر — همین چند روزه ترتیب آن داده خواهد شد.

آقای نراقی — میخواهم گزارش مختصری راجع بوضع پول و اسکناس‌های منتشر شده و پشتوانه آن به عرض مجلس شورای ملی و اطلاع عموم افراد ملت ایران برسانم، تا همه بدانند پول ایران بر اساس صحیح و متین و استواری گذاشته شده و جلوگیری از سوء نیت بد اندیشان و نفع‌جویان بشود.

خاطر آقایان متوجه است که در تاریخ ۲۸ آبانماه ۱۳۲۱ قانونی از مجلس گذشت و اجازه انتشار اسکناس بهیئت نظارت اندوخته اسکناس واگذار گردید. قبل از آن تاریخ سیصد و پنجاه میلیون تومان اسکناس منتشر شده بود و طبق مقررات قانونی باید شصت در صد پشتوانه داشته باشد زر و سیم موجود در کشور و مختصری طلا که

در خارج داشتیم پشتوانه سیصد و پنجاه میلیون تومان اسکناس بود و کسری آن تا شصت در صد از محل جواهرات محسوب و تأمین میگردید.

بنده قبلا پشتوانه آن ۳۵۰ میلیون تومان اسکناس‌را بعرض میرسانم:

(۱) زر در خزانه تهران موجود است — ۲۲,۷۷۳,۲۲۰,۵۴۶ گرم به بهای ۸۳۰,۷۶۷,۷۹۱ ریال

(۲) زر در لندن — ۱۲,۵۰۹,۳۲۸ گرم ببهای ۴۵۶,۳۴۰ ریال

(۳) زر در پرتوریا (افریقای جنوبی) ۷,۳۴۴,۳۰۲,۱۰۶ گرم به بهای ۲۶۷,۹۲۰,۳۰۹ ریال

جمع زر در داخل و خارج کشور که زیر نظر هیئت نظارت قرار داده شده و حفظ میشود عبارتست از ۳۰,۱۳۰ کیلوگرم که معادل است با صد خروار و چهل و سه من ببهای ۱,۰۹۹,۱۴۴,۴۴۲ ریال یعنی معادل سی و یك در صد اسکناسهای منتشر شده

نقره موجود در کشور در بانك ملی مرکز و شعب آن در شهرستان‌ها برابر است با ۱,۴۸۷,۷۹۶,۱۸۲ کیلوگرم که معادل است با چهار هزار و نهصد و پنجاه و نه خروار به بهای ۶۵۶,۶۰۶,۸۰۳ ریال یعنی معادل ۱۸,۷۶ در صد اسکناسهای منتشر شده. زر و سیم موجود در کشور و تحت اختیار هیئت نظارت جمعا برابر است با ۵۰,۱۶ در صد از ۳۵۰ میلیون تومان اسکناس منتشر شده و بقیه آن تا شصت در صد از محل جواهرات سلطنتی تأمین میشود. آقایان ملاحظه میفرمایند که پشتوانه قانونی کاملا موجود و در دست میباشد.

اما از ۲۸ آبان به بعد که اختیار و اجازه انتشار اسکناس بهیئت نظارت داده شده است — هیئت نظارت با کمال دقت و با رعایت کامل قوانین و مقررات انجام وظیفه نموده و مقداری اسکناس منتشر کرده است که بدوا لازم است ذهن آقایان بقانون توجه دهم بعد گزارش‌را بعرض برسانم.

ماده ٤ قانون مصوب ۲۸ آبان ۱۳۲۱ چنین است:

اسکناسهائی که بموجب این قانون منتشر میشود باید دارای پشتوانه بشرح زیر باشد :

الف — شصت در صد زر به بهای رسمی این تاریخ بازار بین المللی ویا لیره و دلاری که قابل تبدیل به زر باشد .

د — چهل در صد لیره و دولاری که تنزل آنها نسبت به زر به بهای امروز تضمین شده باشد .

طبق این قانون از ۲۸ آبان تا پایان اسفندماه هیئت نظارت معادل ۱,۱٤۷,٥۰۰,۰۰۰ ریال ویا یکصد و چهارده میلیون و هفتصد و پنجاه هزار تومان اسکناس منتشر ساخته پشتوانه این مبلغ اسکناس عبارت است از ۲۳,۹۱۲,٤۰۱ گرم طلای خالص که معادل است با ۲۳,۹۱۲,٤۰ کیلوگرم که معادل با هفتاد و نه خروار و هفتاد من است و بهای آن برابر است با ۸۷۲,۳۲٤,۹۳۹,۱ ویال یعنی ۷٦,۰۲ در صد بهای اسکناس‌های منتشر شده و کسری پشتوانه تا صد در صد ارز موجود داریم بدین شرح ۸۰۳,٦۳۰,۱۹ لیره به بهای ۱۰۲,۸٦٤,۷٦۲,٦٥ ریال و هشت میلیون دولار به بهای ۲٥٦ میلیون ریال . با این ترتیب آقایان ملاحظه میفرمائید که پول کشور ایران انصافا پایه و اساس محکم دارد و پشتوانه آن اطمینان‌بخش است و اخیرا پس از مذاکره با متفقین توافق نظر حاصل شده‌است که مقداری از طلاهای موجود در خارج کشور بایران حمل شود دولت امریکا و دولت بریتانیا پذیرفته‌اند و هیئت نظارت اظهار عقیده نموده‌است که پس از ورود بکشور آن طلاهارا بصورت مسکوك در آورده و در بازار رواج دهند و گمان میکنم لایحه قانونی آن عنقریب به مجلس تقدیم میشود .

اقای امیر تیمور — در تعطیل عید مسافرتی با راه آهن بقم کردم از بدو ورود بایستگاه تهران تا ورود بقم و در مراجعت حقیقتا تأثر و تأسف من از مشاهده راه آهن حدی نداشت . « صحیح است »

وارد ترن شدم حقیقتاً بنام یکنفر ایرانی شرمم آمد این راه آهن که با خون دل فرد فرد ایرانی تهیه شده باین صورت در آمده‌است از کثرت کثافت انسان مشمئز میگردید (صحیح است) گذشته از این جمع کثیری بدون بلیط سوار میشوند و هزار گونه سوء استفاده میشود . این وضع دیگر نه مربوط بروس و نه مربوط به انگلیس است این کاملا 5 مربوط بخود ما است .

باید کسانی که عهده‌دار کار میشوند اگر لیاقت دارند کار بکنند و اگر نه شانه از زیر بار کار خالی کنند امروز دیگر تفنن نباید بشود .

موضوع دیگر صحبت من راجع به آقایان امریکائی است اگر این‌ها 10 مستخدمین دولت هستند باید بگویند مجوز قانونی آن چیست اگر همینطور آمده‌اند چون من از علاقه‌مندان بتوسعه روابط ایران و امریکا میباشم باید مقرراتی در بین باشد که وضع روشن شود .

این اشکالات مربوط بیکی دو روز نیست .

آقای وزیر راه — البته این بیانات و همچنین تذکراتی که در مطبوعات 15 راجع براه آهن داده میشود سودمند است زیرا مأمورین متوجه میشوند یك نظر بینائی مواظب کار آنها است .

باید عرض کنم این اشکالات که میفرمائید مربوط بیکی دو روز نیست مدتهاست موجباتی پیش آمده و باین صورت در آمده‌است یکی از آنها اینست که اکنون عده کثیری از مردم بر خلاف سابق بجای کامیون 20 از راه آهن استفاده می‌کنند و چون ما فقط ٤٦ دستگاه واگن داریم که تکافوی احتیاجات امروز مارا نمیکند هنوز یك واگن از راه نرسیده ناچار آنرا بقطار میبندند و وقت برای نظافت نمیشود . راجع بمأمورین هم مقررات طوریست که جریان محاکه و رسیدگی طول میکشد .

راجع بامریکائی‌ها هم باید بگویم که جمعی از آنها کارشناس و 25 متخصصین عالیمقامی هستند که کمك‌های شایانی کرده‌اند و ما هم

همانطور که قرار شده در نظر داریم از وجود آنها استفاده کنیم و اشخاصی‌را زیر دست آن‌ها تربیت نمائیم.

آقای روحی — باید فورمالیته‌را موقوف کرد باید همکاری کرد دقت بفرمائید جواب‌هائی که می‌دهید قابل اجراء و عملی باشد پس از برداشتن شرکت پخش کالا که آن خود بلای بزرگی بود و میلیون‌ها در آن حیف و میل شد و معلوم نشد رسیدگی راجع بآن چه شد در وزارت پیشه و هنر هم دنبال یکی از کارهای پخش که توزیع نخ باشد قطع نشد و بنده صریح عرض میکنم در اینکار دستهای آلوده هست.

بنده عرض میکنم صابون دولت که از قرار سه ریال و نیم فروش رفته حالا در بازار از کجا پیدا شده که قالب ۱۸ ریال بفروش میرسد. من حاضرم با یك بازرس بروم دفاتررا به بینم و ثابت کنم میلیون‌ها دزدی شده سعی کنید از این کارها جلوگیری شود.

آقای بدر — در ۲۶ اسفند آقای روحی در باب فروش نخ سؤالاتی کردند بنده جواب ایشان‌را بامروز گذاشتم تا بررسی کرده و دقیقا گفته باشم، آقای روحی فرمودند هفتاد هزار بقچه نخ به اشخاص ببهای ارزان داده شده. اولا هفتاد هزار نبوده و در حدود ۲۴ هزار بقچه بوده و ثانیا بیك بنگاه داده نشده و تقریبا به ۲۱۱ بنگاه فروخته شده. علاوه بر آن در ۲۵ بهمن هم در حدود ۹ هزار بقچه با نمایندگان بازرگانی شوروی معامله شده‌است.

آقای روحی قیمت هر بقچه نخ‌را ۱۵ تومان فرمودند در صورتیکه نخ های ما یك رقم نبوده و ۳۹ رقم است و قیمت آن هم از ۸۵ تا ۴۲۹ ریال است.

البته ممکن است در این کار بعضی اشخاص خلافهائی هم مرتکب شوند و بنده مدافع آنها نبوده و نمیگویم اصلا نیست ولی اولا بگویم که در زمان بنده این اتفاق نیفتاده و ثانیا بنده دقیقا رسیدگی میکنم و حتی یك هیئتی هم از طرف دولت تعیین شده که بکار رسیدگی کنند.

راجع بصابون هم ما تا بحال به کارمندان دولت و کارگران و بینوایان داده‌ایم و در نظر داریم در آینده برای هر نفر از کارمندان دولت یك قالب بدهیم و در خصوص تقسیم صابون در سابق هم مشغول تحقیق هستم و باطلاع آقایان خواهم رساند .

در این موقع گزارش کمیسیون بودجه راجع بشصت میلیون ریال وام از بانك ملی برای تشکیل واحدهای جدید التشکیل ارتش بشرح زیر قرائت و مطرح شد :

مادهٔ واحده

مجلس شورای ملی بوزارت دارائی اجازه میدهد که مبلغ شصت میلیون ریال بابت بودجه پنج ماهه آخر سال ۱۳۲۱ واحدهای جدید التشکیل ارتش بعنوان متمم بودجه وزارت جنگ بپردازد و این اعتبار اضافی بعنوان وام از بانك ملی ایران دریافت و در صورتیکه عایدات هذه السنه کشور تکافوی استرداد آنرا ننماید در بودجه سال آتیه منظور گردد .

تبصره (۱ و ۲) بودجه سال ۱۳۲۲ وزارت جنگ نیز شامل بودجه ۵ ماهه فوق الذکر خواهد بود .

آقای امیر تیمور — این اضافه اعتباری که در خواست شده‌است برای تأسیسات جدیدی است که کاملا به مصلحت کشور بوده . . . بنظر بنده اگر بجای شش میلیون تومان شصت میلیون هم برای تشکیلات نظامی این نقاط در نظر بگیرند از نظر اهمیت سیاسی که دارد لازم است (صحیح است) .

آقای سرتیپ ریاضی — شش ماه قبل دولت بر اثر مذاکراتی که با دول متفق کرد قرار شد دولت در نقاط شمالی و شمالغربی و شمال شرقی تیپهائی تشکیل دهد و وضعیت نظامی ما هم در نقاط دیگر طوری بود که نمی‌توانستیم از آن نقاط بکاهیم و برای این مکانها نیروی

جدید بفرستیم این بود که مجبور شدیم اعتبار اضافی درخواست کنیم.

گفته شد مذاکرات کافی است به ماده واحده اعتبار شصت میلیون ریال برای واحدهای جدید التشکیل ارتش با ورقه رأی گرفته شد و از ۸۶ نفر عده حاضر در مجلس بأکثریت ۶۷ رأی تصویب شد.

آقای اعتبار – آقای محمود فاتح را که سوابق ممتدی در وزارت کشاورزی دارند بمعاونت وزارت کشاورزی معرفی مینمایم (صحیح است) و در ضمن لایحه‌ایست که برای بهبود وضع زندگی کشاورزان تهیه شده تقدیم میکنم.

آقای وزیر دادگستری – لایحه‌ایست که تقدیم میشود برای اینکه کارشناسان در مورد اشخاص بی‌چیز کارهای آنهارا مجانا قبول کنند و همچنین دیوان کشور که مأمور رسیدگی کارهای فرجامی است کارش در این اواخر زیاد و ناچار باید در حد نصاب تجدید نظر شود تا کنون از هزار ریال ببالا قابل فرجام بوده و در این لایحه از ده هزار ریال ببالا قابل فرجام در نظر گرفته شده‌است.

همچنین اخیرا بواسطه اینکه ولگردان و چاقوکشها زیاد شده‌اند مجازاتی که برای آنها در قانون معین شده کافی نیست در این لایحه تشدیدی برای مجازات چاقوکشان و ولگردان معین شده‌است که تقدیم میکنم.

لوایح تقدیمی بکمیسیون‌های مربوطه ارجاع گردید.

نیمساعت بعد از ظهر مجلس خاتمه یافت و جلسه آینده بروز پنجشنبه ۲۵ فروردین موکول گردید.

Īrān: 12. 4. 1943.

حملات هوائی متفقین بباختر اروپا

طی روزهای اخیر در جبهه‌های زمینی رویهمرفته تغییرات مهمی روی نداده و بطور کلی میتوان گفت که فقط در برخی مناطق رزمهای محلی مختصری جریان داشته‌است، در صورتیکه در هوا در تمام جبهه‌ها یعنی باختر اروپا، دریای مدیترانه، شمال افریقا، خاور دور و در جبهه شوروی فعالیت غریبی از طرف نیروی هوائی دولتهای متخاصم ابراز شده و هواپیماهای بمب‌افکن و شکاری دائما در حال پرواز بوده و بر فراز نقاط مختلف جهان مشغول خودنمائی بوده‌اند.

در جبهه‌های شمال افریقا و خاور دور و جبهه شوروی اگر هم فعالیت نیروی هوائی درین هفته زیادتر از نیروهای دیگر بوده، لیکن در مواقع عادی جبهه اصلی جبهه زمینی است، در صورتیکه در باختر اروپا از زمان شکست فرانسه تا زمانی که جبهه دوم گشوده نشده منطقه اصلی پیکار آسمان این ناحیه میباشد.

نیروی هوائی متفقین که تقریبا پس از در هم شکستن حملات شدید روزانه و شبانه نیروی هوائی آلمان اینک مدتهاست تقریبا یکه تاز میدان جنگهای هوائی شمال و باختر اروپا شده، در عرض یکماه اخیر مخصوصا فعالیت شگرفی از خود بروز داده بطوریکه اگر از بعضی مواقع که هوا مساعد برای ابراز فعالیت نبوده صرف نظر کنیم میتوانیم بگوئیم که شب و روز مزاحم آلمان‌ها چه در مناطق اشغال شده باختر و چه در خود کشور آلمان بوده‌اند. نمونه‌ئی ازین فعالیت عظیم حملاتی است که در عرض روزهای اخیر نیروی هوائی متفقین بدان دست زده‌اند.

مهمترین آماج این حملات مراکز زیر دریائی‌ها، شهرهای مهم و مراکز خطوط آهن و کارخانه‌های اسلحه‌سازی آلمان در باختر اروپا بوده که چند تای از آنهارا در اینجا نام میبریم:

اسن که از بزرگترین شهرهای صنعتی مغرب آلمان و مرکز کارخانه‌های بزرگ اسلحه‌سازی «کروپ» میباشد و در کنار رود «رن» قرار دارد سه شب پیش برای پنجاه و چهارمین بار از آغاز جنگ و چهارمین مرتبه در عرض سال ۱۹۴۳ که اکنون سه ماه از آغاز آن میگذرد مورد یکی از سخت‌ترین حملات هوائی متفقین قرار گرفت. طی این حمله که بوسیله هواپیماهای سنگین چهار موتوره انگلیسی انجام شد قریب ۹۰۰ تن بمب که مقداری از آن از بمبهای سنگین دو تونی بود بر روی آماجهای مختلف این شهر افکنده شد.

از تعداد هواپیماهای سرنگون شده درین حمله (۲۱) معلوم میگردد که آلمانی‌ها برای حفظ این شهر در مقابل حملات هوائی، چه مقدار آتشبارهای ضد هوائی در اختیار دارند.

بندر (کیل) که در شمال کشور آلمان در کنار کانال معروف کیل واقع شده و دریای بالتیک‌را بدریای شمال متصل میسازد، دو شب پیش برای هفتاد و یکمین بار از آغاز جنگ از طرف نیروی هوائی انگلیس بمباران شد. این بندر از مراکز مهم دریائی آلمان بشمار میرود و چون از شهرهای باختری آنکشور بمراکز پرواز هواپیماهای انگلیسی نزدیکتر میباشد لذا بیشتر مورد حمله قرار گرفته‌است.

پس از این دو حمله سخت باید از حمله دژهای پرنده امریکائی هنگام روز بکارخانه‌های صنعتی معروف (رنو) واقع در نزدیکی شهر پاریس ذکری بمیان آورد. این کارخانه که از بزرگترین مؤسسات صنعتی فرانسه میباشد برای آلمانها آلات و ابزار صنعتی و جنگی میسازد و لذا پس از اشغال فرانسه تا کنون چند بار بسختی از طرف نیروی هوائی متفقین بمباران شده‌است.

دیگر از نقاطی که در باختر اروپا در روزهای اخیر مورد حمله هوائی متفقین واقعشده شهر (آنورس) در بلژیک و ایستگاههای دریائی معروف (برست) و (لوریان) را در باختر فرانسه میتوان نام برد.

Iṭṭilāʿāt: 7. 4. 1943.

شاهنامهٔ فردوسی

گرامی دوست مهربانم : میخواهی بدانی احساسات من نسبت بشاهنامه چیست و در بارهٔ فردوسی چه عقیده دارم؟ اگر بجواب مختصر مفید قانعی اینست که بشاهنامه عاشقم و فردوسی‌را ارادتمند صادق، اگر باین مختصر قناعت نداری، گواه عاشق صادق در آستین باشد، در تأیید اظهارات خویش باندازهٔ خود شاهنامه میتوانم سخن‌را دراز کنم و دلیل و برهان بیاورم. امّا اندیشه بخاطر راه مده که چنین قصدی ندارم و در ایجاز کلام تا آنجا که مخلّ نشود خواهم کوشید.

شاهنامهٔ فردوسی هم از حیث کمّیت هم از جهت کیفیّت بزرگترین اثر ادبیّات و نظم فارسی است، بلکه میتوان گفت یکی از شاهکارهای ادبی جهان است، و اگر من همیشه در راه احتیاط قدم نمیزدم و از اینکه سخنانم گزافه نماید احتراز نداشتم میگفتم شاهنامه معظمترین یادگار ادبی نوع بشر است. امّا میترسم بر من خرده بگیرند که چون قادر بر ادراك دقایق و لطایف آثار ادبی همهٔ قبایل و امم قدیم و جدید نیستی حقّ چنین ادّعائی نداری، بنا برین ازین مرحله میگذرم، و نیز برای اینکه روح مولانا جلال الدین و شیخ سعدی و خواجه حافظ‌را هم گله‌مند نکرده باشم تصدیق میکنم که اگر بخواهیم انصاف بدهیم و تحقیق‌را تمام نمائیم باید این سه بزرگوار‌را هم پهلوی فردوسی بگذاریم و ایشان‌را ارکان اربعهٔ زبان و ادبیّات فارسی و عناصر چهارگانهٔ تربیت و ملیّت قوم ایرانی بخوانیم، و چون میخواهم این رساله پر دراز نشود فعلاً از عشقبازی با مثنوی مولوی و کلیّات سعدی و غزلیّات خواجه حافظ خودداری میکنم و تنها بذکر موجبات ارادت خود بفردوسی طوسی

میپردازم که موضوع بحث ما همین است، گذشته از اینکه فردوسی زماناً از ان سه نفر پیش و لا اقلّ فضیلت تقدّم بر ایشان‌را داراست.

نخستین منّت بزرگی که فردوسی بر ما دارد احیا و ابقای تاریخ ملّی ماست. هر چند جمع‌آوری این تاریخ‌را فردوسی نکرده و عمل او تنها این بوده‌است که کتابی‌را که پیش از او فراهم آمده بود بنظم آورده است ولیکن همین فقره کافیست که اورا زنده کنندهٔ آثار گذشتهٔ ایرانیان بشمار آورد چنانکه خود او این نکته‌را متوجه بوده و فرموده‌است: «عجم زنده کردم بدین پارسی» و پس از شمارهٔ اسامی بزرگانی که نام آنهارا ثبت جریدهٔ روزگار ساخته می‌گوید:

«چو عیسی من این مردگان‌را تمام سراسر همه زنده کردم بنام»

ذوق سلیم و هوش سرشار تو تصدیق خواهد کرد که اگر فردوسی شاهنامه‌را نظم نکرده بود احتمال قوی میرود که این روایات‌را هم سیل حوادث عظیم پی در پی که بر مملکت ستمدیدهٔ ما روی آورده‌است برده و آن دفتررا شسته بود، چنانکه بسیاری از کتب فارس و عربی‌را از میان برده و یادگارهای بسیار از نیاگان مارا مفقود ساخته‌است... البته میدانی که شاهنامهٔ فردوسی از بدو امر در نزد فارسی زبانان چنان دلچسب واقع شده که عموماً فریفتهٔ آن گردیده‌اند. هر کس خواندن میتوانست شاهنامه میخواند و کس که خواندن نمیدانست در مجالس شاهنامه خوانی برای شنیدن و تمتّع یافتن از آن حاضر میشد. کمتر ایرانی بود که آن داستانهارا نداند و اشعار شاهنامه‌را از بر نخواند و رجال احیا شدهٔ فردوسی‌را نشناسد، و اگر این اوقات ازین قبیل مجالس نمی‌بینی و روایت آن اشعاررا کمتر میشنوی از آنست که شداید و بدبختیهای عصر اخیر محور زندگانی مارا بکلّی منحرف ساخته و بقول معروف چرخ مارا چنبر کرده بود، و مساعی که این ایام برای تجلیل

فردوسی و تجدید عهد شاهنامه بکار میبریم برای آنست که آن روزگار گذشته‌را برگردانیم، و بعقیدهٔ من وظیفهٔ هر ایرانی است که اوّلاً خود با شاهنامه مأنوس شود، ثانیاً ابناء وطن‌را بمؤانست این کتاب ترغیب نماید و اسباب آن‌را فراهم آورد . . .

یک منّت دیگر فردوسی بر ما احیا و ابقای زبان فارسی است. درین باب حاجت بدنبال کردن مطلب ندارم زیرا کسی‌را ندیده‌ام که انکار و تردید کند، همین قدر باقتضای موقع تذکّر میدهم که سخن موزون و خوش‌آهنگ که در نزد همهٔ ملل مرغوب و مطلوبست در طبع ایرانی تأثیر خاصّ دارد. اکثر ایرانیها قوهٔ موزون کردن سخن دارند و کمتر ایرانی دیده میشود که در موقع مناسب (و گاهی هم بی مناسبت) کلام خودرا بسجع و قافیه مزیّن نکند چنانکه گوئی در نظر ایرانی سخن غیر موزون و غیر مسجّع قابل اعتنا نبوده و برفع حوائج مادّی اختصاص داشته‌است (احتیاج بسجع و وزن و قافیه در سخنان کودکان و عوام ایرانی بخوبی مشهود است). بهمین علّت یادگارهای نثر معتبر در زبان فارسی معدود است، و آنها هم که خواسته‌اند نثر خودرا مرغوب نمایند ناچار آن‌را مسجّع و مزیّن بصنایع بدیعی ساخته‌اند. حاصل اینکه زبان فارسی‌را شعر محفوظ داشته‌است الاّ اینکه این نتیجه از هر شعری هم حاصل نمیتوانست شد، باین معنی شعری که حافظ زبان است نه تنها باید جامع محسّنات شعری باشد بلکه لازم است از فهم عامهٔ مردم دور نبوده و حکایت از اموری کند که برای آنها دلپذیر باشد و پیش از شیخ سعدی و خواجه حافظ کمتر کسی از شعرای ما باندازهٔ فردوسی جامع این شرایط بوده‌است و وفور اشعار شاهنامه هم البتّه در حصول این نتیجه مدخلیّت تام داشته‌است.

مزایای شاهنامه و موجبات محبوبیّت فردوسی منحصر بآنچه گفتم نیست. اوقاتی که بخواندن شاهنامه بگذرانی هدر نمیرود و حقیقةً جزو عمر است، گذشته از اینکه وطن‌خواهی و شاه‌پرستی و ایران‌دوستی نتایج ضروری است که برای هرکس از خواندن شاهنامه حاصل میگردد بهترین تمتعات و سالمترین تفریحات است. کلامش مثل آهن محکم است و مانند آب روان است، و همچون روی زیبا که بآب و رنگ و خال و خط حاجت ندارد در نهایت سادگی و بی پیرایگی است. اگر بخواهی از سخن فردوسی برای صنایع لفظی شاهد و مثال بیاوری از پنجاه و پنج هزار بیت مسلم که در دست داریم پنجاه بیت نمی‌یابی، شعر سست و رکیك ندارد، از اوّل شاهنامه تا بآخر سخن یکدست و یکنواخت است، نقل وقایع و مطالب و شرح و وصفهارا در نهایت ایجاز و اختصار امّا صریح و روشن میکند. طول کلام و تکرار در شاهنامه بسیار است امّا گناهش بگردن فردوسی نیست. او مقیّد بوده‌است از کتابی که نظم آن‌را بعهده گرفته بود آنچه هست نقل کند و چیزی فرو گذار نشود. گوئی این عمل و تثبیت این داستانهارا وظیفه و تکلیف وجدانی خود میدانسته و برعایت این قید تا یك اندازه ابراز هنر شاعری خودرا فدای ادای تکلیف کرده‌است...

از خصایص فردوسی پاکی زبان و عفّت لسان اوست. در تمام شاهنامه یك لفظ یا یك عبارت مستهجن دیده نمیشود، و پیداست که فردوسی بر خلاف غالب شعرای ما از آلوده کردن دهان خود بهزلیّات و قبایح احتراز داشته‌است، و هر جا که بمقتضای داستان سرائی مطلب شرم‌آمیزی میبایست نقل کند بهترین و لطیفترین عبارات‌را برای آن یافته‌است... کلیّةً فردوسی مردی است بغایت اخلاقی، با نظر بلند و قلب رقیق و حسّ لطیف و ذوق سلیم و طبع

حکیم، همواره از قضایا تنبّه حاصل میکند و خواننده‌را متوجّه میسازد که کار بد نتیجه بد میدهد و راه کج انسان‌را بمقصد نمیرساند . . . پند و اندرزهائی که در هر مورد چه از جانب خود چه از قول دیگران راجع بخداترسی و دادجوئی و عدالت گستری بسلاطین و بزرگان میدهد در کتابی مثل شاهنامه که اساساً سخن‌را روی با پادشاهان است امری طبیعی است، و فراوان بودن این قبیل اشعار هم مایهٔ تعجّب نیست . . . یك نکتهٔ لطیف‌را هم نباید از نظر دور داشت و توجّه باید کرد که فردوسی شخصاً نمونه و فرد کامل ایرانی و جامع کلّیّهٔ خصایل ایرانیّت است یعنی طبع فردوسی‌را چنانکه از گفته‌های او بر میآید از احوال و اخلاق و عقاید و احساسات چون بسنجی چنانست که احوال ملّت ایران‌را سنجیده باشی، و من در میان رجال ایرانی جز شیخ سعدی کسی‌را نمیشناسم که از این حیث قابل مقایسه با فردوسی باشد، و راستی که من نمیدانم آیا ارادتم باین بزرگان از جهت آنست که آنهارا آئینهٔ تمام‌نمای ایرانیّت تشخیص داده‌ام یا اینکه دوستداریم نسبت بقوم ایرانی از آن سبب است که احوالش‌را در این بزرگواران مجسّم یافته‌ام . بهر حال یکی از صفات فردوسی‌را که باید خاطرنشان کنم اینست که ایران‌پرستی و ایرانی‌خواهی او با آنکه در حدّ کمال است مبنی بر خودپرستی و تنگ‌چشمی و دشمنی نسبت به بیگانگان نیست، عداوت نمیورزد مگر با بدی و بدکاری، نوع بشررا بطور کلّی دوست میدارد و هر کس بدبخت و مصیبت‌زده باشد از خودی و بیگانه دل نازکش بر او میسوزد و از کار او عبرت میگیرد، هیچوقت از سیاه‌روزگاری کسی اگرچه دشمن باشد شادی نمیکند، هیچ قوم و طایفه‌را تحقیر و توهین نمی‌نماید و نسبت بهیچکس و هیچ جماعت بغض و کینه نشان نمیدهد .

Muḥammad ‘Alī Khān Furūghī: Preface to ‘Khulāṣah-i Shāh-nāmeh’ (Tehran, 1313), pp. 7–27 (abridged).

عمر خیام و پیغام او

عمر خیام یگانه بلبل دستان‌سرای گلشن شعر و شاعری ایران است که ترانه‌های دلپذیر و نغمات شورانگیز او دنیاپسند است. تا کنون هیچ یك از شعرا و نویسندگان و حکما و اهل سیاست این سرزمین باندازهٔ او در فراخنای جهان شهرت عام نیافته‌اند. خیام تنها متفکر ایرانیست که زنده و پاینده بودن نام و گفتهٔ او در میان تمام ملل دنیا مسلم است. نه بس در پیش شرق‌شناسان و علما و ادبای مغرب زمین، بلکه در نزد عامهٔ کسانی که با خواندن و نوشتن کاری دارند، خیام معروفست و شاید بیش از یك نیمه از متمدنین عرصهٔ گیتی بنام او آشنا و برباعیاتی که حکیم اغلب از روی هوس و ذوق طبیعی میسروده‌است مفتون اند. میتوان گفت وی تنها سخن‌سرای ایرانیست که همهٔ دنیا اورا متعلق بنوع بشر و غیر مخصوص بملت و مملکت معین میدانند و در زمرهٔ شعرای درجهٔ اول که جنبهٔ بین المللی و دنیائی دارند بشمار می‌آورند. ایران باید بخود ببالد که در آغوش خویش چنین گوینده‌ای پرورده که مایهٔ سرافرازی و بلند آوازگی جاودانی او گردیده‌است.

البته قسمت عمدهٔ این شهرت عالمگیررا خیام مدیون کسی است که اول دفعه رباعیات اورا بشعر انگلیسی ترجمه نمود و در میان انگلیسی زبانان دنیا رواج داد و بدان سبب سایر ملل نیز بدان دسترس یافتند بطوری که امروز هیچ زبان زنده‌ای نیست که رباعیات خیام بآن ترجمه و چندین بار چاپ نشده باشد. ادوارد فیتزجرالد (متولد در ۳۱ مارس ۱۸۰۹ و متوفی بسال ۱۸۸۳) شاعر انگلیسی اول دفعه در سال ۱۸۵۹ منظومه‌ای بانگلیسی مشتمل بر ۷۵ رباعی که در چاپ سوم و نهائی به ۱۰۱ رباعی رسانید منتشر ساخت که مضامین آن از

رباعیات حکیم عمر خیام گرفته شده بود . بعبارت دیگر ترجمهٔ فیتزجرالد فقط ترجمهٔ ساده و تحت اللفظ متن فارسی رباعیات خیام نیست و خود او نیز ادعا نکرده‌است که چنین است و در حقیقت بسیار بالاتر از چنین ترجمه‌ایست : فیتزجرالد از آنجا که نقل عین لطایف اصل رباعیات‌را بزبان انگلیسی و گنجاندن همهٔ معانی اورا در ظرف حرف ممتنع یافته جوهر مضامین آنهارا که بیان افکار و نظریات عمر خیام راجع بحیات گذرندهٔ بشر و حاوی فلسفه‌ایست که در نتیجهٔ ملاحظات خویش برای زندگی قائل شده‌است گرفته و با تعبیری بعالیترین اسلوب شعری بقالب منظومه‌ای بغایت کمال متضمن پاره‌ای از لطایف اصل فارسی و بسیاری ظرافتهای شاعرانهٔ جدید در آورده‌است ؛ و در حالی که عمر خیام افکار خویش‌را در ضمن رباعیات مجزا از یکدیگر گنجانده‌است فیتزجرالد اشعاری‌را که بذوق خود از میان رباعیات منسوب باو انتخاب کرده در نهایت مهارت از حیث مضمون بهم مربوط ساخته و دنبال یکدیگر انداخته بطوری که یك منظومهٔ مرکب از چهار صد و چهار مصراع مرتبط و متوالی پدید آمده‌است که از ابتدا مرتباً هر چهار مصراع آن یك رباعی تشکیل میدهد که جز از حیث وزن در سایر شرایط لفظی و معنوی عیناً مانند یك رباعی فارسی میباشد . . .

این تراژدی زندگی بشری که خیام نوشته و پیغامی که در ضمن آن داده و دعوتی که نموده از ان جهت این همه پیرو و خواهان یافته که با تمایل جدید نوع بشر (که در عین تلخ یافتن زندگی طرف خوشگذرانی‌را میگیرد و در مسائل اساسی عالم وجود اقرار بعجز خویش از ادراك حقیقت می‌کند) کاملاً وفق میدهد . گفته‌های زیبای حکیمی که بیش از هشتصد سال پیش با کمال ثبات و جرأت با همان مسائلی که ما امروز باید مقابل شویم رو برو شده و نلرزیده‌است، و، بر رغم گردش بیهودهٔ آسمان، شادی و آرامش‌را در هر « روز» چنانکه میگذشت یافته‌است، امروز دلهای ناراضی و ناراحت مارا تسلیت میدهد .

خیام بهترین نمونه‌ایست از تندهوشی و زیرکی و خردمندی نژاد ایرانی که در زیر فشار فکری بیگانگان مضمحل نشده بلکه انتقاد خودرا با لحن تند و بیان شدید ایراد کرده‌است. وی عالم ریاضی و منجم و طبیب و فیلسوف و فقیه بود ولی نه ازان علمای خشك بی ذوق گوشه‌نشین که خارج از دایرهٔ علم بچیزی نپردازد. ظرافت و زیبائی طبیعت و دلربائی بوستانهای پر گل را با لطافت ذوق مخصوص و شور و وجدی که نظیر آن کمتر دیده شده ادراك میکرده و خستگی کارهای علمی روزانه و اندوهی‌را که از اندیشهٔ در قضیهٔ دردناك زندگی بشری باو دست میداده در سایهٔ درختان و طرف چمن و پرتو ماه و کنار جوی روان با شیشهٔ می و نالهٔ چنگ و نغمهٔ بلبل از خاطر دور میکرده و برای انشای رباعیات خوشگوار از آنها الهام میبافته‌است.

Mujtabā Mīnuvī: Introduction to ‘Umar Khaiyām’s ‘Naurūz-nāmeh’, pp. vii–xviii.

در بارهٔ تصحیح کردن دیوان حافظ

هر کس که با دیوان بزرگترین شاعر غزل‌سرای ایران خواجه شمس الدّین محمّد حافظ شیرازی کمابیش انسی داشته و بیشتر از حدّ اقبال عامّه بدیوان مزبور توجّهی می‌نموده و در فهم اشعار او بعادت بیشتر مردم بمسامحه و تقریب قانع نمیشده چنین کسی لا بد گاهگاه برای حلّ بعضی مواضع مشکوکهٔ پارهٔ اشعار و مقایسهٔ آنها با نسخ دیگر مجبور میشده که بنسخ مختلفهٔ دیوان از خطّی و چاپی و قدیم و جدید مراجعه کند و بهمان یك نسخهٔ چاپی که در اغلب خانهای ایران حتماً یکی از آنها یافت میشود اکتفا ننماید، و در آنصورت لا بد ملاحظه کرده است که در دنیا هیچ دو نسخهٔ از دیوان حافظ با یکدیگر مطابقت ندارند نه در متن اشعار یعنی در سوق عبارات و جمل و کلمات و نه در عدّهٔ غزلیّات یا ابیات هر غزلی، و بعبارهٔ اخری نه در کمّیّت اشعار و نه در کیفیّت آنها، و این اختلاف نسخ در مورد دیوان خواجه بخصوص فی الواقع بحدّی است که شخص متتبّع را که غرض او فقط مطالعه و تمتّع از اشعار خود خواجه باشد نه اشعار الحاقی دیگران که بتدریج عدّهٔ زیادی از آنها در دیوان خواجه داخل شده یا اشعاری که گرچه در اصل از خود خواجه بوده ولی بعدها بمرور ایّام در نتیجهٔ تصرّفات بی حدّ و شمار نسّاخ از صورت اصلی تغییر یافته و دگرگون شده بکلّی عاجز و متحیّر و سرگردان میکند.

باز اگر غرض آن شخص متتبّع فقط مطالعهٔ اشعار خواجه برای تمتّع شخصی خود باشد کار او تا درجهٔ سهل و آسان است زیرا چنین کسی

مختار است که بمیل و سلیقهٔ خود هر غزلی‌را یا هر عدّه ابیات غزلی‌را که در نظر او و در نتیجهٔ بحث و کاوش او اصیل آمد از خواجه بداند و هر غزلی یا ابیاتی‌را که در صحّت انتساب آنها بخواجه اورا شكّ و تردیدی دست داد کنار گذارده عطف توجّهی بآن ننماید، و واضح است که در این قضاوت اورا در مقابل مردم بهیچوجه مسؤلیّتی متوجّه نیست چه او این جرح و تعدیل‌را منحصراً برای شخص خود می‌نماید و با دیگران کاری ندارد، ولی تکلیف کسی که بخواهد يك چنین دیوانی‌را با وصف مذکور یعنی دیوانی مکمّل (نه منتخب) از خواجه که در صحّت انتساب محتویات آن بخواجه کمّاً وکیفاً حتّی المقدور جای شكّ و تردیدی نباشد بطبع رساند چیست؟ بعبارة اخری اگر کسی بخواهد نه بقصد تجارت و علاوه کردن چاپی بر چاپهای بی حدّ و حصر دیوان حافظ بلکه فقط بقصد تمتّع و استفادهٔ خود و نیز بهره‌مند ساختن دیگران دیوانی کامل و تمام ولی بی حشو و زواید از خواجه که هم از حیث متن تا حدّ امکان مصحّح و مضبوط باشد و هم از اشعار الحاقی شعراء دیگر غیر خواجه که چنانکه همه کس میداند در طیّ این شش قرن از عصر حافظ تا عصر ما مقدار عظیمی از آنها متدرّجاً در دیوان خواجه داخل شده بکلّی عاری و خالی باشد طبع نموده در دسترس عامّهٔ فضلا و محبّین روز افزون خواجه بگذارد تکلیف او ما بین این همه نسخ مختلفهٔ خارج از حدّ احصا چیست و کدام نسخه یا نسخ را باید اساس طبع خود قرار دهد و کدامهارا باید طرح نماید و چگونه از عهدهٔ مسؤلیّتی که اورا در مقابل فضلاء باريك‌بین جهان متوجّه است باید بیرون آمد؟ مثلا راجع بعدّهٔ اشعار آیا باید اساس

طبع خودرا آن نسخه یا نسخی قرار دهد که محتویات آن از همه بیشتر است یا آنکه از همه کمتر است؟ یا حدّ وسط ما بین آنهارا؟ و در این شقّ اخیر چه مرجّحی‌را باید در اختیار یك نسخهٔ بخصوصه ما بین این همه نسخ دیگر میزان قرار دهد تا ترجیح بلا مُرجّح لازم نیاید؟ و همچنین راجع بمتن اشعار یعنی از لحاظ صحّت و سقم عبارات و اختلاف قراءات آنها آیا باید مقیاس کار خودرا نسخ قدیمه قرار دهد یا نسخ جدیده یا نه این بخصوصه و نه آن بخصوصه بلکه در هر مورد اختلافی هر کدام که بسلیقهٔ او و ذوق او بهتر آمد باید آنرا اختیار نماید؟

بدیهی است که این طریقهٔ اخیر خلاف سیرهٔ علما و مدقّقین و خلاف امانت و انصاف است چه هیچکس حق ندارد که سلیقه و ذوق شخصی خودرا برای عموم ناس حَکَم قرار دهد و طرز فهم و اجتهاد خودرا بر دیگران تحمیل نماید و اجتهاد و قضاوت هیچکس مخصوصاً در امور ذوقیّات برای دیگری حجّت نیست و هیچکس جز پارهٔ مردم نادان غیر مأنوس بطریقهٔ علمی انتقادی این روش‌را اختیار نکرده‌است، پس باز بالآخره این سؤال همچنان متوجّه است که تکلیف کسی که در صدد طبع دیوانی مکمّل و مصحّح و بی حشو و زواید از خواجه باشد چیست؟

بعقیدهٔ اینجانب و بر حسب تجربهٔ شخصی او فقط علاجی که برای تهیّهٔ طبع نسبةً مصحّح متقنی ازین نوع متون یعنی کتبی مانند دیوان خواجه و مثنوی مولانا جلال الدّین رومی و آثار نظم و نثر سعدی و شاهنامهٔ فردوسی و امثال آنها که از قرنها باز ما بین خواص و عوام اشتهار فوق العادهٔ پیدا کرده و مؤلّفین آنها در جمیع ادوار و اعصار

محبوب القلوب کافّهٔ طبقات انام از عالم و جاهل و عارف و عامی و وضیع و شریف بوده‌اند و در نتیجهٔ همین نفوذ و انتشار فوق العادهٔ آنها ما بین جمیع طبقات ناس از قدیم الأیّام تا کنون دائمًا در معرض تصرّفات گوناگون نسّاخ و «اصلاحات» و «تصحیحات» قرّاء قرار گرفته اند متصوّر است آنست که باید در صورت امکان نسخه یا نسخی معاصر خود مؤلّف و الاّ حتّی المقدور چند نسخهٔ که از همه نسخ دیگر نزدیکتر بعصر مؤلّف باشد بدست آورد و سپس از روی همان نسخ منحصراً و بدون هیچ التفاتی بنسخ متأخّرهٔ اعصار بعد طبعی مکمّل و مصحّح با نهایت دقّت بعمل آورد و از عموم نسخ جدیده چشم پوشیده از آنها جز برای تأیید و ترجیح جانبی بر جانبی در مورد اختلاف بین نسخ قدیمه استفادهٔ ننمود، زیرا که اوّلا اینگونه نسخ یعنی نسخی که معاصر یا قریب العصر با خود مؤلّف یا شاعر باشند چون بواسطهٔ قرب عهد هنوز زبان مؤلّف یا شاعر تغییر و تحوّلی بدان راه نیافته و با زبان خود ناسخ یکی است لهذا بالطّبع نسخ مزبور از تغییرات و تبدیلات بی‌شماری که بعدها در طیّ قرون لاحقه در نسخ متأخّره بواسطهٔ تصرّفات گوناگون نسّاخ و قرّاء روی داده مصون است، و این تغییرات و تبدیلات غالباً عبارت است از «اصلاحات» و «تصحیحاتی» که نسّاخ یا قرّاء متأخّر دائماً و متدرّجاً در متون قدیمه بعمل می‌آورند و متعمّداً یا من حیث لا یشعر کلمات و تعبیرات قدیمی عصر شاعررا که در عصر ایشان دیگر غیر مفهوم یا غیر مأنوس شده بوده بکلمات و تعبیرات جدیدتری که متداول و مفهوم اهل عصر خودشان بوده تبدیل می‌نمایند، و اینگونه «اصلاحات» و تغییرات‌را که غالبا در

شاهکارهای ادبی فوق العاده مشهور و محبوب القلوب روی میدهد در اصطلاح اروپائیان «تجدید شباب» گویند.

و ثانیاً اینگونه نسخ قدیمی معاصر یا بسیار قریب العصر با خود شاعر از اشعار الحاقی شعراء دیگر بکلّی یا تقریباً بکلّی خالی است، زیرا که چون هنوز در عهد استنساخ این نسخ آثار آن شاعر شهرت عظیم عالمگیری که بعدها یافته نیافته بوده و از دیوان او نسخ فوق العاده زیادی در اطراف عالم منتشر نشده بوده بنا برین بالطّبع از اشعار الحاقی شعراء دیگر که غالباً در نتیجهٔ کثرت انتشار نسخ کتاب در دیوان شاعر داخل میشود چنانکه گفتیم بکلّی یا تقریباً بکلّی خالی است، و در هر صورت چیزی که شبههٔ در آن نیست اینست که اینگونه نسخ از اشعار الحاقی شعراء متأخّر از عصر ناسخ که بعدها اشعار ایشان در نسخ جدیده داخل شده بکلّی خالی و عاری است چه بدیهی است که ناسخ متقدّم نمیتوانسته اشعار شعراء متأخّر از عصر خودرا در نسخهٔ که کتابت میکرده داخل نماید.

‘Dīvān-i Ḥāfiẕ’ (Tehran, 1320 = 1941): Preface by Muḥammad-i Qazvīnī, pp. 22–28.

یادداشت نحوی

قانون مطابقت فعل و فاعل یا مسند و مسند الیه از حیث مفرد و جمع در زبان فارسی یکی از قوانینی است که صریحاً معین نیست.

در صورتیکه فاعل یا مسند الیه ذیروح باشد بنظر چنین میرسد که باید مسند یا فعل از حیث افراد و جمع با آن مطابقت نماید مثلا باید گفت فلان خوابید یا فلانها خوابیدند؛ اشتر چرید یا گوسفندان چریدند. امروزه بر خلاف قانون گاهی نیز شنیده میشود: «دو گنجشك روی بام نشست.» آیا میتوان این استعمال‌را تجویز نمود؟

در همه حال اگر در اینجا نیز فعل‌را با فاعل مطابقت بدهیم بهتر است اما در صورتیکه فاعل یا مسند الیه ذیروح نباشد در زبان امروزه — حتی در زبان پارسی باستانی نیز — فعل‌را در این گونه مواقع مفرد میاورند مثلا میگویند کاسه‌ها شکست و کوزه‌ها افتاد.

«اسامی معنوی و نباتات و جمادات غیر ذیروح هستند» نویسندگان معاصر متابعت از این قانون‌را چندان جایز نمیشمارند با وجود این باید دانست که مراعات آن از عدم مراعاتش خوبتر است. زیرا مرعی نمودن آن مانع از بعضی خطاکاری‌ها خواهد بود اغلب در نثریات دیده میشود که مینویسند: چشمانش نگران بودند یا دیدگان میخواندند یا دستهایش میلرزیدند در صورتیکه طرز استعمالات فوق خطاست زیرا خواندن و نگران بودن یا لرزیدن عمل بالاراده اعضاء نیست بلکه اعضاء فقط در اینجا آلت وجود است و فاعل حقیقی شخص انسان است که میخواند و نگران است یا میلرزد بر عکس اگر بگوئیم (لبانش سرخ بودند) ارتکاب خطا ننموده‌ایم زیرا سرخ بودن لبها فقط از لبها و ابداً مربوط بوجود کامل یا روح انسان نیست.

در این جا لازم است به نکتهٔ مهمی اشاره کنیم و آن اینست که

در تشخیص و انطاق که یکی از انواع مجاز است ظاهراً از قانون مطابقت فوق مراعات نمیشود زیرا تشخیص و انطاق عبارت از روح بخشیدن و بنطق آوردن اشیاء یا اسماء معانی اعم از حقیقی یا خیالی یا روحانی یا جسمانی میباشد درین صورت همان اشیاء و اسماء حکم موجودات ذیروح‌را پیدا میکنند. مثلا میتوانیم بگوئیم: «سنگها و کوهها با من سخن گفتند» و این حالت‌را نیز از قانون کلی استثنا ندانیم.

Muḥammad Ẓiyā Hashtrūdī: ‘Muntakhabāt-i āsār’, pp. 139–140.

سلطان محمود غزنوی

سلطان محمود که اوّلین پادشاه مستقلّ و بزرگترین فرد خاندان غزنوی است بدلیری و بیباکی و کثرت فتوحات و شکوه دربار در تاریخ اسلام بسیار مشهور شده مخصوصاً غزوات او در هند و غنایمی که از آنجا آورده و اجتماع علما و شعرا در دستگاه او و اشعار و کتبی که بنام او ترتیب یافته نام اورا در اکناف و اطراف عالم معروف کرده است امّا باید دانست که بیشتر این شهرت بر اثر تملّقات معاصرین متعصّب اوست که غزوات اورا در هند در راه نشر اسلام و بر انداختن کفّار از اعظم خدمات شمرده و ساحت اورا که عنوان مجاهد فی سبیل اللّه داشته از هر عیب و نقصی بری جلوه داده‌اند در صورتیکه اگر بدیدهٔ انصاف بنگریم محمود معایب بزرگ داشته و فتوحات او بجای آنکه برای مردم ایران مفید واقع شود بضررهای بزرگ منجر گردیده‌است. بر روی هم ایّام سلطنت محمود از لحاظ قوم ایرانی از دوره‌های بسیار مظلم است و یمین الدّوله در تاریخ ایران چندان نام نیکی ندارد بشرح ذیل.

۱ — مشهور چنانست که در دربار محمود ۴۰۰ شاعر ماهر اجتماع داشتند و سلطان‌را مدح میگفته‌اند و چنانکه میدانیم از این جماعت بوده‌اند عنصری بلخی و فرّخی سیستانی و عسجدی مروزی و زینبی علوی و فردوسی طوسی و منشوری سمرقندی و کسائی مروزی و غضایری رازی و شبهه‌ای نیست که از این میان بزرگترین و نامورترین ایشان همان فردوسی طوسی است چنانکه از علمای دستگاه محمودی هیچکس جلیل القدر تر و بزرگوارتر از ابو ریحان بیرونی نبوده‌است امّا چنانکه

میدانیم محمود از کثرت لئامت با فردوسی رفتاری‌را که مشهور است پیش گرفت و حکم قتل ابو ریحان‌را وقتی بعلّت حقیقتی علمی که گفته بود و بنظر سلطان کفر می‌آمد صادر کرد و آن دانشمند فقط بوساطت ابو نصر مُشکان دبیر سلطان از کشته شدن نجات یافت.

محمود که ترك نژاد بود و درست لطایف زبان فارسی‌را درك نمیکرد و بعلّت تعصّب شدید در مذهب تسنّن با هرچه که از آن بوی حکمت و آزادی فکر می‌آمد بسختی دشمنی داشت هیچگاه نمیتوانست با میل دل و ذوق طبیعی طالب شعر و ادبیّات و جویای علم و حکمت باشد. تمام تظاهراتی که در این راه از محمود دیده شده از آن نظر بوده‌است که وجود شعرا و علمای معروف در گرد دربار در آن ایّام از اسباب شکوه و جلال محسوب میشده و شعرا با سرودن مدایح امرا و سلاطین و فضلا با نوشتن کتب و رسائل باسم ایشان بهترین وسیلهٔ نشر مفاخر و بلند آواز ساختن نام ممدوحین و مخدومین خود بودند تا آنجا که هر درباری که عدّهٔ شعرا و فضلای آن بیشتر و نام و نشان ایشان معروفتر و درخشان‌تر بود بر دربارهای دیگر فخر میفروخت و محمود که در عصر خود نمیتوانست درباری‌را از هیچ جهت نامی‌تر از دربار غزنه ببیند هرجا از این شعرا و دانشمندان اثری می‌یافت آنان‌را بوعد و وعید بغزنین میکشاند چنانکه غضایری‌را از دربار مجد الدّوله از ری با دادن صلات فراوان پیش خود خواند و از خوارزمشاه فرستادن ابو علی سینا و ابو ریحان بیرونی و ابو سهل مسیحی و ابو نصر بن عراق و ابو الخیر بن خمّار را که مایهٔ رونق دربار جرجانیّه بودند خواست و از ایشان ابو علی سینا و ابو سهل مسیحی که از تعصّب محمود بیم داشتند بپناه آل زیار و آل بویه شتافتند و بقیّه که در جرجانیّه مانده بودند پس از فتح آنجا اضطراراً در دستگاه محمود داخل شدند.

تعصب محمود و سخن ناشناسی او و یرا بر آن داشته‌است که با فردوسی که بمذهبی غیر از مذهب سلطان معتقد بوده بپستی و زشتی معامله نماید و این گویندهٔ بلند مقام‌را برنجاند و ذکری ناستوده از خود در تاریخ بجا گذارد و حق با فردوسی است که گوید :

بدانش نبد شاه‌را دستگاه و گرنه مرا بر نشاندی بگاه

۲ — سلطان محمود در مذهب حنفی تعصّب مفرط داشت و چون در ایام او بر اثر تبلیغات دعاة اسماعیلی در ما وراء النّهر و خراسان عدّهٔ کثیری از مردم بآئین اسماعیلی یا مذاهب دیگر شیعه گرویده بودند محمود هر کجا از ایشان نشان می‌یافت آنان‌را بسختی تمام میکشت مخصوصاً بآن علّت که دعاة اسماعیلی اهل ایران‌را بپیروی از خلفای فاطمی مصر میخواندند و این خلفا هم مدّعی بنی عبّاس مخدومین محمود بودند این سلطان غالب کسانی‌را که بر دین حنفی نمیرفتند بتهمت قرمطی (یعنی اسماعیلی و طرفدار فاطمیّون) تعقیب میکرد و بقتل میرساند و در این راه پیش او قرامطه و معتزله و حکما همه یك حکم داشتند چنانکه یاران مجد الدّوله‌را بجرم معتزلی بودن از دم شمشیر گذراند و قسمت اعظم کتابخانهٔ نفیس اورا طعمهٔ آتش کرد و فرستادهٔ خلیفهٔ فاطمی مصررا کشت . این سلطان گاهی نیز برای ضبط مال اعیان و توانگران ایشان‌را ببد دینی متّهم میساخت و دارائی آنان‌را در ضبط خود می‌آورد .

۳ — محمود مردی آزمند و پول‌دوست و ثروت‌طلب بود و با اینکه در لشکرکشی بهند ظاهراً نشر اسلام و نیّت جهاد و غزارا بهانه میکرد غرض اصلیش غارت معابد پر ثروت هند و آوردن غنایم از آن دیار بود و اگرچه از این غنیمت‌ها مقدار قلیلی‌را صرف ساختن ابنیه و باغ و آثار خیر در غزنه و بلخ و طوس می‌نمود لیکن اکثررا می

انباشت و مردم‌را از آن خیری نمیرسید بلکه هر وقت عزم غزوی میکرد عمّال او از رعایا بسختی و زجر تمام پول میگرفتند و چون تقریباً هر سال این عمل تکرار میشد در نتیجه صدمات کلّی بمردم ایران رسید و چنان این مسئله عامّه‌را از طرز حکومت غزنویان متنفّر کرده بود که چون قدرت محمود از میان رفت و نوبت بمسعود رسید اهل خراسان برغبت تمام ترکمانان سلجوقی‌را بضبط آن سامان دعوت نمودند و دولت غزنوی بر اثر همین کیفیّت بسرعت از ایران و ما وراء النهر بر افتاد .

٤ — اگرچه سلطان محمود وزرای بالنّسبه کافی داشته لیکن هیچیك از ایشان بعلت قدرت و استبداد سلطان نتوانستند مؤسّس اساس متین با دوامی برای ادارهٔ کشور شوند و در مقابل اقتدار لشکریان غارتگر محمود که مخلوطی بودند از مجاهدین داوطلب ملل مختلفه حال عامّه و رعایارا نیز با حکومت دادن نظم و عدالتی نظیر آنچه در عهد وزرای اوّلی سامانیان یا در عهد خواجه نظام الملك وجود داشته قرین آسایش و رفاه نمایند .

'Abbās Iqbāl: 'Tārīkh-i 'umūmī ū Īrān', pp. 264–267.

مسجد جامع اصفهان

صبح روز تاسوعا بدیدن مسجد جامع رفتم، همه دکانها بسته، کوچه و بازار خلوت بود. بالای سردر قیصریه که رو بروی مسجد شاه است کاشیکاری قشنگی است دو نفر سواررا نشان میدهد که مشغول تیر اندازی هستند و بشیوه همان نقاشیهای قدیم است. از روزنه طاق بازار یك لوله پرز و غبار در روشنائی آفتاب موج میزد و جلو من یکنفر آخوند با عمامه بزرگ عبارا روی سرش کشیده بود صلوات میفرستاد و نعلینش‌را بزمین میکشید. در بازار سردرهای کاشی زیاد هست حتی در بعضی دکانها کاشیهای جدید صورتی قشنگ دیده میشود و مسجدهای کوچك خرابه تقریباً در همه جای شهر وجود دارد. ولی چیزیکه هنوز در اصفهان منسوخ نشده سر در حمامهای قدیمی است که نقش رستم و افراسیاب و شیرین و فرهاد بالای آنها کشیده شده. علت آنرا پرسیدم بالاخره یکنفر گفت که چون مردم صبح زود بحمام میروند عکس آثار قدیم‌را میکشند تا آنهارا متوجه افسانه‌های ایران باستان کرده باشند چنانکه خواندن شاهنامه در قهوه‌خانه‌ها از همین لحاظ بوده تا روح شجاعت و وطن‌پرستی در مردم تولید بشود. اگرچه این حدس کمی غریب بنظر میاید ولی سر در بعضی حمامهای تازه هم بطور خنده‌آوری عکس آدمی‌را کشیده‌اند که زیر دوش کز کرده و استاد حمامی قطیفه باو میدهد.

مسجد جامع تقریباً در آخر بازار و محله‌های کهنه شهر واقع شده، دارای چندین در است ولی سردر مهمی از حیث کاشیکاری ندارد. چون گذرگاه مردم است هنوز نتوانسته‌اند آنرا مجزا و خلوت بکنند، اگرچه هرجا ممکن بوده بوسیله در چوب سفید از دسترس مردم محفوظ شده

است. از حیث کار و صنعت و شیوه ساختمان مسجد جامع خیلی قدیمی‌تر و مهمتر از سایر مسجدهاست. قدمت آنرا به ۱۲۰۰ سال میرساند و معروف است که در ابتدا آتشکده بوده‌است و چندین بار خراب شده، آتش گرفته و از نو ساخته شده. یکی از طاقهای آنرا خواجه نظام الملك زده تقریباً نماینده صنایع ظریف ایران در دوره‌های مختلف تاریخ است. ولی بدبختانه نیمه خراب و بروز فلاکت افتاده‌است. بیشتر کاشیهای آنرا برده‌اند، آنچه که باقیمانده بی‌اندازه ظریف و شیوه مخصوص دارد، با کاشیهای برجسته خاتمکاری شده، نقش‌های بی‌اندازه زیبا در آن دیده میشود و در آنجا تنوع صنایع گوناگون مانند گچ بری، منبت کاری، آجر تراشی، سنگتراشی، معماری و پیرایش کاشیها وجود دارد. گلدسته‌ها نیمه خراب است چهار سمت آن چهار ایوان بلند میباشد. ولی طاقهای آنها ترك خورده و کاشیهایش ریزش کرده‌است. هزاره صحن مسجد از سنگ مرمر قاب‌دار است و زیر طاقنماها از سنگ مرمر. فرش شده که بهم جفت کرده‌اند. شبستان آن طرز مقرنس کاری قشنگ و مخصوص دارد، از بسکه ریزه‌کاری و ظریف‌کاری در نقشه‌های این مسجد بکار رفته چشم از تشخیص گل و بته‌ها و کاشیهای کوچکی که پهلوی یکدیگر قرار گرفته عاجز میشود. در اینجا صنعت نقاشی روی کاشی نیست، صنعت میناکاری و خاتم‌کاری با کاشی میباشد و استادی پیرایشگررا آشکار میکند. ترکیب و شیوه ساختمان گنبدها و مقرنس کاری آنها با یکدیگر فرق دارد.

چقدر فکر، چقدر وقت، چقدر عمر، زحمت، پول، اراده، ذوق و چشم این خانه‌های جواهرنگار بمصرف رسانیده‌اند — این خزینه‌های صنعت برای اینکه بی‌ذوق‌ترین اشخاص‌را در آنها جا بدهند و همانها سبب خرابی و ویرانی آنهارا فراهم آورده‌اند! مسجد جامع یك موزه

صنایع ظریف است، میبایستی هنرمندان، نقاشان و صنعتگران را در آنجا جای داده باشد تا روح آنها ازین نقشها الهام بشود نه کسانیکه بدر منبت‌کاری کنده هیزم بکوبند، زیر طاق گچ‌بری دیزی بار بکنند، بدیوار خاتم‌کاری پی سوز روشن بیاویزند و کاشیهارا بدزدند و بفروشند !

Ṣādiq Hidāyat: ‘Iṣfahān niṣf-i jahān’, pp. 32–35.

قضیهٔ اختلاط نوچه

یاجوج : آقا معجوج، حوصله داری یك خورده با هم انتروییو کنیم ؟

ماجوج : چرا ندارم. ولی اگر این دفعه اسم من‌را از ته امعاء غلاظت معرب کردی نکردی.

یاجوج : ای به چشم ! خوب بگو ببینم تو راجع بمعلومات خودمان پیسی میست هستی یا اوپ تی میست ؟

ماجوج : نفهمیدم چی میگی. واضحتر حرف بزن.

یاجوج : کتاب مستطاب «وغ وغ ساهاب» را میگویم. میخواستم بدانم بعقل ناقص تو چه میرسد. آیا گمان میکنی خوب کتابی شده است ؟

ماجوج : البته، صد البته، هزار و یك البته ! کتابی که از فکر بکر و معلومات و تجربیات فراوان و ذوق سرشار و بی‌نظیر تو بزرگوار پدیدار شده باشد سگ کی باشد که کتاب فوق العاده خوبی از آب در نیاید ! مخصوصن که من نیز با زبان بسته و قلم شکسته خودم دستی توی آن برده باشم !

یاجوج : آیا تصور میکنی که خوب فروش برود ؟

ماجوج : این سؤال‌را از من نباید بکنی. از آقای محترمی باید بکنی که پدر بر پدر کتابفروش بوده و از این راه ده‌ها هزار تومان پول حلال بدست آورده و تجربیات کافی و شافی حاصل کرده باشد. ولی رویهم رفته گمان‌مندم که از بعضی کتاب‌ها بهتر فروش برود.

یاجوج : یعنی از کدام کتابها ؟

ماجوج : کتب ارکان اربعه.

یاجوج : کتب ارکان اربعه چه باشدی ؟

ماجوج : همانا گروهی معتقدند که خدای اسرائیل در روز هفتم که

کارخانهٔ خلقت‌را تعطیل کرده و فکرش فراغتی یافته بود سر تا پای عالم‌را ورانداز کرد، دید فقط در آفرینش یك نکته نا تمام مانده‌است و آن اینست که در رشتهٔ معنویات پروگرام صحیحی وضع نشده‌است. این بود که در روز هشتم، اول آفتاب، آستین قدرتش‌را بالا زد و نیم ساعتی بطور فوق العاده کار کرد و شالودهٔ معلومات بشر خاکی‌را ریخت و این بنای با عظمت‌را بر روی چهار رکن رکین استوار نمود و عمل آفرینش‌را باین وسیله کامل کرد.

یاجوج (با اشتیاق): کدام است چهار رکن رکین معلومات روی زمین؟

ماجوج: تحقیق، تاریخ، اخلاق، ترجمه.

یاجوج (نومید، زیر لبکی با خودش): در «وغ وغ ساهاب» همه چیز پیدا میشود غیر از این چهار تا!

ماجوج: همانا من سخنان زیر لبکی تورا به گوش هوش شنیدم و اینك بزبان حال تصدیق مینمایم. اما باید اضافه کنم که آنچه گفتی و در سفتی نباید موجب دلسردی تو و امثال تو گردد؛ زیرا هر کس اراده کند میتواند کتابی بر وفق یکی از این ارکان صادر کند. و برای این کار باید همانگونه رفتار کند که آن پدر پیر به پسر خود دستور داد.

یاجوج: چگونه بود آنك؟

ماجوج: آورده‌اند که پیر مردی مجرب، هنگام نزع پسررا نزد خود خواند و بدو گفت: «هان ای فرزند دلبند اگر تورا نه بنیهٔ حمالی در تن و نه ذوق تحصیل در سر باشد همانا بهتر آن است که یکی از چهار کسب‌را اختیار و خودرا بدان وسیلت صاحب اعتبار کنی، دو روز زندگی‌را به بندگی نگذاری، بلکه عمری به خوشی بسپاری، مال و جاه بکف آری و پس از مرگ مرده ریگ بسیاری برای اعقاب خود بر جای گذاری. اینك آنچه بتو میگویم نتیجهٔ سالیان دراز تجربت تلخ

است، زیرا مرا در کودکی از آنجا که آوازی خوش بود بر حسب وصیت پدر قاری کردند، و یك عمر به نکبت و خواری بسر آوردم. لکن از بسی جایها گذار کردم و بر بسیاری مردمان نظر، عاقبت به یقین دریافتم که هیچ چیز در این دنیای دون به از یکی ازین فنون نباشد که آن: تحقیق و تاریخ و ترجمه و اخلاق است.

«اول — هان جان فرزند، اگر خواستی محقق دانشمند شوی چنانکه خلایق نوشته‌هایت‌را به اشتیاق بخرند و به رغبت بخوانند، و نامت‌را در هر مجلس با احترام تمام بر زبان برانند؛ نخست نیك بنگر که از زمرهٔ محققین مشهور کدام یك در شهر تو سکونت گزیده‌است، و آیا در نزد مردمان دیار تو قرب و منزلتی دارد یا چون من مفلوك و خوار است. هرگاه صورت اول شامل حالش و کار جهان بر وفق مراد و اقبالش باشد، مدتی در نزد او استاژ بده، یعنی بی آنکه کوچکترین امارات حیات از خود به منصهٔ ظهور رسانی در گوشهٔ مجلس او بنشین و بادمجان گرداگرد قاب بچین، دنب اورا در بشقاب بگذار و خودرا در شمار فدائیان وی در آر، تا کارت سکه کند و پیازت کونه. سپس نام چندین کتاب قطور عربی‌را از بر کن و بتقلید آنان عباراتی چند برشتهٔ تحریر بکش، و بویژه التفات کن که حتا یك صحیفه‌ات از نام نامی آن کتب تهی نباشد. هر گاه به جملاتی رسیدی که معنی آنرا درست نفهمیدی هیچ وا نمان بلکه بی پروا آنرا در نبشتهٔ خویشتن بگنجان و بدینگونه بیگانه‌را از ترس بلرزان و خودی‌را از حسد و غبطه برنجان.

«دوم — اما تاریخ خود شعبه‌ای از تحقیق است که مستلزم افکار دقیق است. چنانچه اقدام باینکار کنی، نیکوست اندکی زبان خارجی بدانی تا بمقامات بلند رسیدن بتوانی به آسانی. و بدانکه همینقدر که در سنوات اتفاقات مهم اشتباه ننمودی در زمرهٔ خاصان این فن برای خویشتن جائی ربودی. دیگر کاریت نیست جز آنکه مطالب دیگران‌را

در قالبی دیگر ریزی و با عبارات و اصطلاحاتی از آن زبان خارجی بر آمیزی؛ یا اساسن واقعه‌ای در مخیلهٔ خویشتن بسازی و کتابی با حواشی مفصل در آن باب بپردازی. اگر هم از قوهٔ ابداع یکباره خودرا بی بهره بینی، همانا توانی که درگوشه‌ای بفراغت بنشینی و بیهوده زحمت نبری و افکار و عبارات دیگران‌را عینن باسم خود برشتهٔ پاکنویس در آوری.

«سوم — اما ترجمه — چون چند ماهی در یکی از مدارس رفته باشی و چند کلامی از یك زبان خارج مذهب آموخته، بحدی که بتوانی فقط اسم نویسندهٔ کتاب یا عنوان مقاله‌ای‌را بخوانی، میتوانی خودرا در زمرهٔ مترجمین مشهور بچپانی. پس بکوش تا بدانی فلان کتاب از کیست و در بارهٔ چیست، آنگاه هر چه دم قلمت بیاید غلط انداز بنویس و بنام نامی نویسندهٔ اصلی منتشر کن؛ هرچه خواستی از قول او بساز و هیچ خودرا مباز. ضمنن ساعی باش که در همهٔ مقالات مهم اجتماعی، فلسفی، علمی و یا افسانه‌ها، تئاترها و رومان‌های مشهور میشل زواگو، آلفرد دو موسه، ویکتور هوگو، موریس لبلان، لامارتین و امثال ایشان عبارات شورانگیز عاشقانه بگنجانی، و هیچ صفحهٔ ترجمهٔ تو خالی از فرازهائی مانند «آوخ، آوخ»، «عشق گرم»، «روح لطیف»، «دل سنگ» و «پرتو ماه» نباشد. اگر چنین کردی محبوب القلوب خوانندگان معظم و گرامی شوی و با اجناس لطیفه شادکامی کنی.

«چهارم — اخلاق و فلسفه است، که اگر هیچیك از آن کارها که پیش گفتم از تو ساخته نباشد فیلسوف و اخلاق‌نویس بشو. زیرا این فن‌را اساس و مایه‌ای درکار نیست؛ همینکه چند لغت قلنبه از بر کردی هر کجا رسیدی آنرا تکرار کن و در خلال سطور همهٔ نوشته‌هایت بگنجان. البته آب و تاب لازمهٔ آن است. همواره از مطالب قلنبه و پیچ در پیچ دم بزن و دل و رودهٔ خود و شنوندگان‌را بر هم بزن، تا بگویند دریای علومی و واقف بر مجهول و معلوم.

« هرگز فراموش نکن که اگر از اهمیت عصمت در جامعه، و شئون اخلاقی عالم بشریت، و اینگونه موضوعهای بزرگ ظاهر و پوچ باطن در نوشته ها و گفته ها، با مناسبت و بی مناسبت، در خواب و بیداری، دم بزنی، دیری نمیگذرد که ملقب به لقب فیلسوف دانشمند، و مصلح اجتماعی خواهی شد. نامت بر سر زبان مرد و زن خواهد بود و نانت در روغن.

« همانا نکتهٔ اساسی که باید در نظر داشته باشی این است که هر کدام از این چهار فن شریف‌را که خواستی انتخاب کنی متقدمین خودرا فراموش مکن. حتمن خودت‌را بیکی از بزرگان معاصر یا قدیم که احترامش مسلم است و بنیان شهرتش محکم، پیوسته کن. تا در پرتو نام او نام تو نیز چون آن «لبلاب ضعیف شود که چندی پیچد بدرخت ارجمندی در سایهٔ وی بلند گردد و مانند وی ارجمند.» اگر متقدمین از معاصرین باشند در مجامع صرف شام و صبحانه یا ناهار و عصرانه که منعقد میکنی با تکریم و خوشروئی سخت از ایشان پذیرائی کن. خودرا بدروغ کوچکتر و خاکسارتر از آنکه هستی در مقابل ایشان وا نمود کن، باشارهٔ مستقیم و نا مستقیم از آثار ایشان اظهار اطلاع، و تمجید کن، در مقابل هر اشارهٔ ایشان سر فرود بیاور و صورت حق بجانب بخود بگیر. اگر در خارج خواستی به تنهائی عکسی بر داری چند جلد کتاب قطور در هر طرف و در پیش رو بگذار و دست راستت‌را زیر چانه جا داده نگاهت‌را به نقطهٔ نا معلومی در زوایای آسمان معطوف کن تا هر کس عکس جمالت‌را بدیدهٔ عبرت بنگرد به زبان حال گوید: «این مردی صعب فکور است!» و چون چنین کردی بر سر هر سفره لقمه های چرب پیشت گذارند و همچون قوم و خویشت شمارند. زنهار اگر کنی فراموش نامت ز جهان شود فراموش. همه زحماتت بهدر خواهد رفت و عمرت بیهوده بسر. نظری بر اطراف خود کن و ببین چگونه مشاهیر امروزه همین راه‌را پیموده و سود آنرا ربوده

اند . معلومات اربعه‌را احتکار کرده و بکمك شهرت متقدمان برای خود اسمی بدست آورده‌اند . و پس از چندی خرده خرده خودرا از استادان خویش هم بالاتر شمرده ایشان‌را بهیچ نمیگیرند و عاقبت لقب ادیب اریب و دانشمند شهیر و یگانه فرزانه ادب‌پرور و فیلسوف هنرمندرا به دمب خود میبندند و استفاده‌های مادی مینمایند . »

پدر چون سخنان خودرا بدینجا رسانید چانه انداخت و رخت هستی بسرای نیستی کشانید . اما پسر شقی هر چند ضعیف البنیه بود اندکی در گفته های پدر غور نمود . عاقبت پستك حمالی‌را بر پشت خود استوار و در گوشهٔ سبزه میدان شروع بکار نمود و تا آخر عمر بار میبرد و بدان افتخار میکرد .

یاجوج : این حکایت بما چه تعلیم میدهد ؟

ماجوج : این حکایت بما تعلیم میدهد که حدود نویسندگی از ابتدای خلقت به همین چهار موضوع محدود شده‌است و هر کس در غیر این موضوعها سخنی بگوید و خودرا نویسنده بداند باید سرش‌را داغ کرد .

'Gog and Magog': 'Vagh Vagh Sāhāb', pp. 136–145.

فردوسی

سخن بزرگ شود چون درست باشد و راست
کس ار بزرگ شد از گفتهٔ بزرگ رواست
چه جد، چه هزل، در آید بآزمایش کج
هر آن سخن که نه پیوست با معانی راست
شنیده‌ای که بیك بیت فتنه‌ای بنشست
شنیده‌ای که ز یك شعر کینه‌ای برخاست
سخن گر از دل دانا نخاست زیبا نیست
گرش قوافی مطبوع و لفظها زیباست
کمال هر شعر اندر کمال شاعر اوست
صنیع دانا انگارهٔ دل داناست
چو مرد گشت دنی، قولهای اوست دنی
چو مرد والا شد، گفته‌های او والاست
سخاوت آرد گفتار شاعری که سخی است
گدائی آرد اشعار شاعری که گداست
کلام هر قوم انگارهٔ سرائر اوست
اگر فریسهٔ کبر است یا شکار ریاست
نشان سیرت شاعر ز شعر شاعر جوی
که فضل گلبن، در فضل آب و خاك و هواست
درست شعری فرع درستی طبع است
بلند رختی فرع بلندی بالاست
بود نشانهٔ خبث «حطیئه» گفتهٔ او
چنانکه گفتهٔ «حسّان» دلیل صدق و صفاست

کمال شیخ «معزّی» ز فکر اوست پدید
شهامت «متنبّی» ز شعر او پیداست
نشان خوی «دقیقی» و خوی «فردوسی» است
تفاوتی که بشهنامه‌ها به بینی راست
بلی تفاوت شهنامه‌ها بمعنی و لفظ
درست و راست بهنجار خوی آندو گواست
جلال و رفعت گفتارهای شاهانه
نشان همّت فردوسی سخن آراست
عتابهای غیورانه و شجاعتها
دلیل مردی گوینده است و فخر او راست
محاورات حکیمانه و درایت‌هاش
گواه شاعر در عقل و رای حکمت زاست
صریح گوید گفتارهای او کاین مرد
بهمّت از امرا و بحکمت از حکماست
کجا تواند یکتن دو گونه کردن فکر
جز آنکه گوئی دو روح در تن تنهاست
بصد نشان هنر اندیشه کرده فردوسی
نعوذ بالله پیغمبر است اگر نه خداست
درون صفّهٔ بازی یکی نمایشگر
اگر دو گونه نمایش دهد بسی والاست
یکی بپهنهٔ شهنامه بین که فردوسی
بصد لباس مخالف ببازی آمده راست
امیر کشورگیر است و گرد لشکرکش
وزیر روشن رای است و شاعری شیداست

مکالمات ملوک و محاورات رجال
همه قریحهٔ فردوسی است بی کم و کاست
برون پرده جهانی ز حکمت است و هنر
درون پرده یکی شاعر ستوده لقاست
به تخت ملك فریدون به پیش صف رستم
باحتشام سکندر بمکرمت داراست
بگاه پوزش خاك و بگاه کوشش آب
بوقت هیبت آتش بوقت لطف هواست
بوقت رأی زدن به ز صد هزار وزیر
که هر وزیری دارای صد هزار دهاست
ببزم‌سازی مانند باده‌نوش ندیم
بپارسائی چون مرد مستجاب دعاست
بگاه خوف مراقب، بگاه کین بیدار
گه ثبات چو کوه و گه عطا دریاست
بحسب حال کجا بشمرد حکایت خویش
حدیثهای صریحش تهی ز روی و ریاست
بزرگوارا، فردوسیا! بجای تو من
یك از هزار نیارست گفت از آنچه رواست
ترا ثنا کنم و بس، کزین دغل مردم
همی ندانم یکتن که مستحقّ ثناست
ترا کنیم ثنا، تا که زنده‌ایم بدهر
که شاهنامه‌ات ای شهره مرد محی ماست

Maliku'sh-Shu'arā 'Bahār'.

مادر

گویند مرا چو زاد مادر پستان بدهن گرفتن آموخت
شب‌ها بر گاهوارهٔ من بیدار نشست و خفتن آموخت
لب خند نهاد بر لب من بر غنچهٔ گل شگفتن آموخت
یك حرف و دو حرف بر دهانم الفاظ نهاد و گفتن آموخت
دستم بگرفت و پا بپا برد تا شیوهٔ راه رفتن آموخت
پس هستی من ز هستی اوست
تا هستم و هست دارمش دوست

Īraj Mīrzā (Jalālu'l-Mamālik).

مرد و زن

وظیفهٔ زن و مرد ای حکیم دانی چیست
یکی است کشتی و آندیگریست کشتیبان
چو ناخداست خردمند و کشتیش محکم
دگر چه باك ز امواج و ورطه و طوفان
بروز حادثه اندر یم حوادث دهر
امید سعی و عمل‌هاست هم ازین هم از آن
همیشه دختر امروز مادر فرداست
ز مادر است میسّر بزرگی پسران

Parvīn I'tiṣāmī.

ایکاش

ایکاش که شوهرم گدا بود با عاطفه بود و با وفا بود
ایکاش بجای خودپرستی مشغول پرستش خدا بود

ایکاش بجای عیش و مستی   سر مست ریاضت و دعا بود
ایکاش میانه من و او   کمتر جدل و سر و صدا بود
ایکاش که مادر حسودش   چندی سرش از تنش جدا بود
ایکاش که خواهر لجوجش   چون خواهر مشهدی رضا بود
ایکاش که همچو من در اینماه   مشغول مصیبت و عزا بود
ایکاش که وعظ شیخ و زاهد   با معنی و خالی از ریا بود
ایکاش که نوحه‌خوان دسته   بد لهجه نبود و خوش صدا بود
ایکاش که قلب آدمیزاد   با رحم و مروّت آشنا بود
ایکاش برای رفع حاجت   سرمایهٔ بانك مال ما بود
ایکاش که موجر خوش انصاف   مستأجر زار بینوا بود

Mīrzā Ghulām Riẓā Khān ‘Rūḥānī’.

آئینهٔ سیّال

چه خوش باشد بروی آب دیدن   بر او رقصیدن مهتاب دیدن
به بیداری چنان خاطر فریبد   که شام وصل یاران خوابدیدن

نسیم آید ازو پر چین شود آب   بلرزد قرص مه چون لوح سیماب
دژم گردد چو روی مه جبینی   که ناگاهش بر انگیزند از خواب

سپهری بر زمین گسترده بینی   ز بادش چهره پر چین کرده بینی
جمال لعبتان آسمان‌را   گهی بی پرده گه در پرده بینی

درخت و کوه و ابر و ماه و انجم   درین آئینه گه پیدا گهی گم
تو گوئی رنگ‌ریزان طبیعت   جهانی‌را همی شویند در خم

صدای لطمهٔ امواج آرام   که بر ساحل رسد از صبح تا شام
بود چون سیلی یاران طنّاز   بروی چهرهٔ عشّاق ناکام

شتابان تیغهٔ موج از پی هم   چو وقت جفتجوئی مار ارقم
خط ساحل تناور اژدهائی   که این ماران در آرد جمله در دم

بجنبد بیدرا در آب سایه   چو طفلی خفته در آغوش دایه
بود این سایه‌را آن لطف و آن حال   که در گفتار شیرینان کنایه

چو ناگه بر جهد در آب ماهی   ز حیرت بیخود از جا جست خواهی
گمانت عکس مهتاب از دم باد   روان بگرفت و شد در آب راهی

نه بینی آن خروشان غوك سرمست   دو دیده دوخته بر ماه پیوست
چو ناگه افکند خودرا در امواج   تو پنداری که چیزی افتد از دست

بهنگام شناور پایش از پس   از او گوئی جدا گردد چو دو خس
دو چشمش همچو مروارید غلطان   همی لغزند بر این سطح املس

گهی گسترده تن گاهی فشرده   زمانی زنده گاهی همچو مرده
دمی بر موجها پویان و پران   دمی خودرا بهر موجی سپرده

نسیما تو پیام آسمانی   ویا پروردهٔ این آبدانی
به تنهائی نباشی هیچ یك‌را   که ترکیبی ز روح این و آنی

الا ای صفحهٔ پاك بهشتی   توئی غمّاز هر خوبی و زشتی
ز عنصرها چنین پیکر نیاید   مگر از گوهر جانها سرشتی

بپابوست خمیده عکس کهسار   بسر اندر تو برده ریشه اشجار
نسیمت گرد دامان پاك کرده   سپهرت رنگ خود بخشیده هموار

خوشا برگی که بر سطح تو پوید   خوش آنماهی که اعماق تو جوید
خنك سنگی که لبهای تو بوسد   خنك بادی که گیسوی تو بوید

Rashīd Yāsimī.

ادوارد براون

ادوارد براون دانشی ایران دوست   کش رای نکو روی نکو خوی نکوست
از مردم انگلیس بر مردم شرق   گر مکرمتی بود همین تنها اوست

'Bahār.'

وطن

کشور ایران که زید جاودان   هست وطن بر همه ایرانیان
رشت و قم و ساوه و طهران یکیست   مشهد و تبریز و صفاهان یکیست
اهل وطن زادهٔ این مادرند   یاور و غمخوار بیکدیگرند
ای پسر با ادب هوشیار   از دل و جان خاك وطن دوستدار
حب وطن مهر و وفا آورد   حب وطن صدق و صفا آورد
حب وطن شیوهٔ نیکان بود   حب وطن دین بود ایمان بود
هرکه بود صاحب ادراك پاك   مهر بدل دارد از این خاك پاك
محترم این ملك چو مادر بدار   هموطن خویش برادر شمار
چشم ز همراهی بیگانه پوش   خویش بآبادی این خانه کوش
در ره حفظ وطن خویشتن   دل بکن از جان و تن خویشتن
تا نبود نام بدت یادگار   یار باغیار مشو زینهار

Ḥabīb Yaghmā'ī.

دلی دلی

من رند و لا ابالی و مستم دلی دلی
پیمانه‌نوش و باده‌پرستم دلی دلی
دیشب ز باده توبه نمودم خدا خدا
امشب دوباره توبه شکستم دلی دلی

تا در قمار پای نهادم امان امان
هر چیز بود رفته ز دستم دلی دلی
کفگیر خورده بر ته دیگم فلك فلك
بیچاره و فلك‌زده هستم دلی دلی
با جام و چنگ عهد به بستم بالام بالام
از نام و ننگ دست بشستم دلی دلی
در خاکریز خندق عشقت جانم جانم
چون سگ بانتظار نشستم دلی دلی
در حجله با خیال وصالت اوخیش اوخیش
دادند دوش دست بدستم دلی دلی

'Rūḥānī'.

چشمه و سنگ

جدا شد یکی چشمه از کوهسار بره گشت ناگه بسنگی دچار
بنرمی چنین گفت با سنگ سخت کرم کرده راهی ده ای نیک بخت
گران سنگ تیره دل سخت سر زدش سیلی و گفت دور ای پسر
نجنبیدم از سیل زور آزمای که‌ای تو که پیش تو جنبم ز جای
نشد چشمه از پاسخ سنگ سرد بکندن در استاد و ابرام کرد
بسی کند و کاوید و کوشش نمود کزان سنگ خارا رهی بر گشود
ز کوشش بهر چیز خواهی رسید بهر چیز خواهی کماهی رسید
برو کارگر باش و امیدوار که از یاس جز مرگ ناید بکار
گرت پایداریست در کارها شود سهل پیش تو دشوارها

'Bahār'.

قصیدهٔ روحانی

دوش اندر کنج عزلت خلوتی بود از جهانم
فکرتی میرفت در تحقیق اسرار نهانم
علوی و سفلی نکردی در ضمیرم ره که بودی
انصراف از آن و اینم انقطاع از این و آنم
سیر من در حیّز امکان نگنجیدی که کردی
توسن همّت تکاپو در فضای لامکانم
از حدود مشرق و مغرب برون بودم که بودی
مشرق دل پیشوایم مغرب جان پشتوانم
در هوای عشق پروازی همی کردم ز هر سو
تا مگر راهی گشاید سوی بیسو زان میانم
نالهای آتشین از سینه بیرون میکشیدم
تا که یکران گرم جولان گردد اندر زیر رانم
محو قدرت بود عقلم غرق حیرت بود فکرم
گرم لذّت بود قلبم مست وحدت بود جانم
ناگهان آمد بگوش اندر صدائی دهشت‌افزا
اضطرابی دست داد از آن صدای ناگهانم
جستم از جای و شتابان سوی در رفتم که بینم
کیست کاندر نیم شب بر در همی کوبد چنانم
باز پرسیدم که باری کیستی اینجا چه جوئی
دشمن بیگانه‌ای یا آشنای مهربانم
گفت در بگشا که خود بیگانه اینجا ره ندارد
مشفق دیرینه‌ام از دوستان باستانم

هین دل از من بد مکن وز من مرم بگشای دررا
گرچه خود نا خوانده میباشم غریبم میهمانم
چون صدایش آشنا دیدم برویش در گشودم
اندر آمد گرم در آغوش چون روح روانم

Mīrzā Ḥusain Khān Samī'ī (Adību 's-Sulṭanah) ''Aṭā'.

خطاب بفرنگیان

ایفرنگی ما مسلمانیم جنّت مال ماست
در قیامت حور و غلمان ناز و نعمت مال ماست

ایفرنگی اتّفاق و علم و صنعت مال تو
عدل و قانون و مساوات و عدالت مال تو
نقل عالمگیری و جنگ و جلادت مال تو
حرص و بخل و کینه و بغض و عداوت مال ماست
خواب راحت عیش و عشرت ناز و نعمت مال ماست

ایفرنگی از شما باد آن عمارات قشنگ
افتتاح کارخانه اختراعات قشنگ
با ادب تحریر کردن آن عبارات قشنگ
جهل بی‌جا شور و غوغا فحش و تهمت مال ماست
خواب راحت عیش و عشرت ناز و نعمت مال ماست

گر زنی بی سیم از دریا بساحل تلگراف
گر کنی خلق غرامافون و سیماتوگراف
ور نمائی بهر خود از اطلس و مخمل لحاف
سندس و استبرق اندر باغ جنت مال ماست
خواب راحت عیش و عشرت ناز و نعمت مال ماست

ایفرنگی کشتی جنگی دریائی ز تو
راه آهن علم طی الارض صحرائی ز تو
در هوا با زور زپلین عرش‌پیمائی ز تو
در زمین بیعاری و جهل و فلاکت مال ماست
استراحت خواب راحت عیش و عشرت مال ماست
اختراعات جدید و علم و صنعت زان تو
از زمین بر آسمان رفتن ز همّت زان تو
مکتب و تشویق بر اطفال ملّت زان تو
غوطه خوردن اندرین دریای ذلّت مال ماست
خواب راحت استراحت جهل و غفلت مال ماست
شیخ عبد القادر از ما شافعی از ما بود
مالك از ما حنبل از ما یافعی از ما بود
بو حنیفه بو هریری رافعی از ما بود
اختلاف اعتقادات جماعت مال ماست
خواب راحت استراحت ناز و نعمت مال ماست
شیخی از ما بابی از ما پطر و ناپلیون ز تو
دهری از ما صوفی از ما مکتب و قانون ز تو
خرقه و عمّامه از ما کشتی و بالون ز تو
گم شو ای احمق مجاز از تو حقیقت مال ماست
حور و غلمان باغ رضوان عیش و عشرت مال ماست
آن شنیدستم حسین کرد با جنگ نبرد
شد روان از اصفهان هندوستان‌را فتح کرد
در فرنگستان کجا دارد چنین شیران مرد
رستم و گودرز یل با آن شجاعت مال ماست
خواب راحت استراحت ناز و نعمت مال ماست

گرچه در ظاهر مسلمانیم باطن کافریم
منکر حق خصم دین غافل ز روز محشریم
مال موقوفات‌را چون شیر مادر میخوریم
با وزیران گفتگوی رمز و خلوت مال ماست
باغ رضوان حور و غلمان ناز و نعمت مال ماست.

Saiyid Ashrafu 'd-Dīn.

فوق العاده

میدهد هر کس که فوق العاده زر مدح او گویند فوق العاده تر
دیشب از فریاد فوق العادهٔ گوش من گردید فوق العاده کر
میشود هر روز فوق العاده چاپ بسکه در شهر است فوق العاده خر

'Rūḥānī'.

گل پنهان

نهفت چهره گلی زیر برگ و بلبل گفت
مپوش روی بروی تو شادمان شده ایم
مسوز ز آتش هجران هزار دستانرا
بکوی عشق تو عمری است داستان شده ایم
جواب داد کزین گوشه‌گیری و پرهیز
عجب مدار که از چشم بد نهان شده ایم
ز دستبرد حوادث وجود ایمن نیست
نشسته‌ایم و بر این کنج پاسبان شده ایم
تو گریه میکنی و خنده میکند گلزار
ازین گریستن و خنده بدگمان شده ایم

مجال بستن عهدی بما نداد سپهر
سحر شکفته و هنگام شب خزان شده ایم
مباش فتنهٔ زیبائی و لطافت ما
چرا که نامزد باد مهرگان شده ایم
نسیم صبحگهی تا نقاب ما بدرید
برای شکوه ز گیتی همه دهان شده ایم
بکاست آنکه سبکبار شد ز قیمت خویش
ازین معامله ترسیده و گران شده ایم
دو روزه بود هوس‌رانی نظربازان
همین بس است که منظور باغبان شده ایم

Parvīn I‘tiṣāmī.

دوشیزگان ما

دوشیزگان ما که چو رخشنده اخترند   پنهان بابر تیره چو مهر منوّرند
تا کی بکنج خانه چو مرغان بسته پر   شامی سحر نموده و روزی بشب برند
قانون و دین و عقل و تمدن باتفاق   قائل بدفع پیچه و بر رفع چادرند
آیا بود که دستهٔ از پاکدامنان   همت کنند و پردهٔ اوهام بر درند
غافل شدن ز تربیت دختران خطاست   کاین دختران بدورهٔ آینده مادرند
پژمان بجنس زن بحقارت نظر مکن   آنان اگر زنند ولی مردپرورند

Mīrzā Ḥusain Khān ‘Pezhmān’ Bakhtiyārī.

غزل

عشق روی نو جوانی در جوانی کرده پیرم
ای جوانمردان خدارا کز جوانان ناگزیرم
با کمال عقل و پروا با وفور زهد و تقوی
ساخت زلفت پای‌بندم کرد عشقت دستگیرم

در خیالم گرچه هرگز نیستی اما نباشد
جز وصالت در خیالم جز خیالت در ضمیرم
صحبت سروم چه حاصل یا حدیث ماه تابان
ای قدت سرو بلندم وی رخت ماه منیرم
سر ز کویت بر ندارم دیده از رویت نگیرم
گر فرود آرند تیغم ور فرو بارند تیرم
منکه خود در دام عشقم از چه میگیری به بندم
منکه خود مشتاق بندم از چه می‌سازی اسیرم
بی سبب مگذار بندم، من سیاست ناپسندم
بی جهت مسرای پندم من نصیحت ناپذیرم
با خیال دوست خفتن در میان بند و زندان
بهتر آید از پرندم خوشتر آید از حریرم
دیگرم از مهر خوبان پرده پوشیدن چه حاصل
منکه اندر عشق‌ورزی در همه عالم شهیرم
در میان خیل خوبان در بر دانش‌پژوهان
تو حبیب بی‌بدیلی من ادیب بی‌نظیرم
یوسف مصر ملاحت هرچه خواهی کن به دولت
تو شه اقلیم حسنی من بزندانت اسیرم

Mīrzā Mūsā Mu‘azzamu ’s-Sulṭanah ‘Daulat’.

در مذمت شراب

می آفت جانست و زیان‌بخش خرد آنرا که خرد یار بود می نخرد
ای باده‌پرست اگر نکو در نگری تو می نخوری بلکه ترا می بخورد

Saiyid Ṣādiq Khān ‘Sarmad’.

عقیدهٔ سیاسی

چون کار جهان جمله ستیز است و نبرد
در مذهب ما که نیست جز مذهب مرد
با بیطرفان بیطرفی باید جست
با خیره‌سران خیره‌سری باید کرد

'Sarmad'.

خزانیه

باز شد پدید در جهان خزان، شد تهی ز برگ شاخ گلستان
نو شگفته گل از میان باغ پشت پرده رفت، کرد رخ نهان
راغ و مرغزار، باغ و شاخسار، گشته هر چهار بی گیاه و بار
بهر این هزار بر سر چنار میکند هزار ناله و فغان
چون بهار دید شد خزان پدید از میان باغ رخت برکشید
ریخت برگ بید همچو شنبلید، سوسن سپید گشت بی زبان
داد ازین سپهر کز ره ستم شادی همه بر زده بهم
گر ز دست او ناله سر کنم از درون سنگ خون شود روان
گشته بی نگار سر بسر زمین، خنده‌را شده گریه جانشین
رفت از میان باد فرودین، چیره شد بر آن باد مهرگان
رنگ و بو برفت از گل سمن، شد نزار و سرد برگ نسترن
وز هوای سرد خشك شد چمن، آنکه بود پیش همچو پرنیان
هر چمن که بود تازه چون بهشت ناگه از خزان تیره گشت و زشت
کرده مرغکان از میان کشت دسته دسته روی سوی آشیان
فاخته بسرو از نوا فتاد زانکه نیست خوش زانکه نیست شاد
ناله میکند ساری از نهاد چون هزار بست لب ز داستان

کن دلا شکیب زانده این سپس گر بجای گل رسته خار و خس
زانکه در جهان بهر هیچکس شادی و خوشی نیست جاودان
لاله گر برفت دل نهاد داغ جای وی نشست باده در اياغ
می بشیشه بین همچو گل بباغ، بیهده مخور انده جهان
سوسن از خزان گر شده تباه در ترنج بین کآمده براه
سرخ گل کجاست تا کند نگاه سرخی رخ نار و ارغوان
از بنفشه شد گر زمین تهی شد پدید باز به ز وی بهی
هم برنگ و بوی هم بفرهی کس نمی دهد همچو آن نشان
بر درخت بین سیب سرخ روی هر یکی بشاخ سرنگون چو گوی
همچو آن برنگ همچو آن ببوی کی بود گلاب در گلابدان
از میان باغ سوی خانه رو همنشین یار با چغانه شو
وز دهان نای صد نوا شنو راه خار کن راه خسروان
جام می بگیر از سمن‌بری یار مهوشی شوخ دلبری
زن بچنگ چنگ تا ز هر دری صد سرود نغز آورد میان
زنده باد رز تا که میدهد خوش کسیکه سر در رهش نهد
آنکه گر ز لب در گلو جهد پیر سالخورد زان شود جوان
دختر رزان بر بگیر تنگ آنکه جان ازوست مست و شاد و شنگ
زنده‌را کند رخ چو گل برنگ مرده‌را دهد جاودانه جان
خواهی ار رسی در جهان بکام کن برون ز سر نام ننگ و نام
بادهٔ کهن نوش کن بجام یاد خاك جم کشور کیان
گر شد از ستم خاك جم بباد گشت واژگون کاخ کیقباد
به شود سپس دل‌نمای شاد زانکه کردگار هست مهربان
لشگر خزان چونکه رو نمود رفت نوبهار از میانه زود
گفت بیدرنگ هادی این سرود بهر دوستان برد ارمغان

Mīrzā Hādī Khān Ḥā'iri 'Hādī'.